はじめに

お気に入りのモノだけを持ち、日々の暮らしをすっきりとシンプルに、ミニマルにしたいと思う人が増えています。

本書は、自分なりのやり方でシンプル＆ミニマルライフを楽しんでいる人気インスタグラマーさんとブロガーさん24人による暮らしの記録帳です。

すっきりと整った家を維持するためのマイルール。服をはじめとした持ち物についてや、食のミニマル化についての考え方。シンプル＆ミニマルライフを自分らしく無理なく行っている人たちの、衣食住にまつわる考え方、取り組み方のあれこれを、たくさんの写真とともに紹介させてもらいました。

すぐ真似できそうな暮らしの工夫やアイデアだけでなく、その人ならではの人生への向き合い方もとても興味深いものです。

すっきりとした暮らしを保つために、皆さんいろいろ考えて、ちょっと頑張ってるんだな、と、読んでいるうちにこちらも背すじが伸びる思いがします。

何かと忙しい毎日だからこそ、シンプルに、ミニマルに。

やる気スイッチを押してくれる、あれこれ話がいっぱい。今日から、暮らしを整えたくなる、モチベーションアップの秘訣が満載です。

Contents

みんなの
持たない暮らし日記

01

kayoさん

kayo

起きたときより美しく。整った空間は気持ちいい。

Instagram user name「kayo」
https://www.instagram.com/mkhr08/

「kayo blog（仮）」
http://www.mkhr08.com/

暮らしはシンプルに。身に着けるものはベーシックに。6歳の娘の散らかしに、「整理」と「整頓」で対抗中。インテリア雑貨やキッチン用品が大好きで、Amazonの欲しいものリストに溜まりに溜まったモノたちを少しずつ減らしながらも、また増えるを繰り返す日々。夕食を作りながらキッチンで大好きなお酒を呑む。私のよくある日常。

ミニマル&シンプルな暮らしを楽しむ工夫

衣　いい物を末永く。シーズン毎の流行を追うのではなく、毎年また着たいと思えるモノを選ぶ。そして自分が好きなモノ、似合うモノを見極める。

食　我が家の定番品を決める。乱雑になりがちなキッチン・冷蔵庫の調味料入れも厳選して少数精鋭で。安いときに買いだめできるし、買いだめしても継ぎ足して使えるので余ることもなく、経済的。

住　同じデザイン・同じ色で統一する。必要なモノを必要な場所に置きつつ、スッキリ見せる。スタッキングできて省スペースで収納できるのも重要。

家族構成
夫と娘の3人暮らし

理想とする暮らしについて
家族がそれぞれ好きなことをしながら過ごしつつ、程よい距離感を保てる暮らし。

2014年 12月 27日

磨きまくった1日

掃除は前日から始まっています。寝る前のベッドの中で「明日は掃除をするぞ」と意気込まないと私の重たい腰は動きません。それでも雨だからやめとこうとか言って天気のせいにしたりもするのです。林先生に怒られるタイプの人間です。それでもやり始めるととことんやるんです。気が付けば一日中ゴシゴシやっていたりもします。まとめてやるのではなくて、小まめに毎日ちょこちょこやればいいんですけど。なかなかね。重曹と歯ブラシとメラミンスポンジが私の武器。

2015年 09月 18日

short tripという名の帰省

気付いたら娘と同じ格好だった。帰ったら絶対母につっこまれるな。

旅のお供はパタゴニアのブラックホール・ウィールド・ダッフル。キャリーバッグをパタゴニアに作らせるとすごいです。防水性に優れた頑丈な素材で作ります。軽くてキャスターもスイスイ動きます。45ℓの容量で3175g。2・3日帰省する程度の荷物だったら余裕で入ります。そんなに出番が多いバッグではないけど、ひとつあるとなにかと便利です。

2015年 10月 03日

無印良品のポリプロピレンケース

収納場所はココ。「使ったら戻す」もう何回言ったことか。我が家はもうこのシリーズのケースだらけだったりします。デザインやモジュールが変わることがないから、ずっと前から使っているものや家を建ててから買ったものも合わせて使っています。少しずつ買い足せるのがいい。サイズやバリエーションが豊富なのもいい。同じものをずっと作り続けてくれる安心感のある会社って無印ぐらいなんですよね。これからもずっと作り続けてね。

2016年 01月 09日

今日は持ち寄りホームパーティー

みんなの来宅を首を長くして待っている娘。

同年代の子どもがいる友達と3カ月に1回ぐらいの周期で開催されるホームパーティー。

子どもたちは子どもたちで楽しいし、親たちは親たちで楽しいし、どちらにとってもwin-winなパーティーなのです。

みんなで持ち寄ればお金もそんなにかからないし、子どもを連れて外出するよりはよっぽど楽チンです。

もっと開催したいんだけど、なかなかみんなの都合が合わないんだよなあ。

2016年 02月 01日

ごはん炊き用の鍋が欲しい

ごはん炊き用として使っているル・クルーゼのココットロンドがもう限界です。我が家で最長の10年選手。

私にとって料理におけるテンションの維持は非常に重要で、テンションが上がらないとすぐにスーパーのお惣菜に逃げがちです。テンションを上げる方法として一番はもちろんアルコール。今宵も立ち飲みします。そんで、もうひとつは調理器具を格好良くすること。デザインの力はやっぱりすごい。

2016年 02月 05日

今週もお疲れ様でした

スパークリングワインにイチゴ。見た目が可愛くて、女子力高めの飲み物です。

今日は週末金曜日。いつもは発泡酒だけどたまにはね。キッチンに立ちながらお酒を飲むのは私の日常だけど、明日が休みともなると一段と格別です。アルコールも入ってテンションが上がってきたのでそろそろ夕食作りを開始します。我が家の平日最後の夕食はもちろんアレです。まず先に鍋いっぱいに水を入れて沸騰させておこう。

2016年 02月 12日

金曜日はパスタの日

束縛しないルールはいっぱい作ったほうがいいと思う。それが家族というもの。

我が家3人共通の大好物。毎週平日最後の夜に3人揃って共通の大好物を食べるって素敵じゃないか。よし、これは我が家のルールにしよう。

今日のパスタはボロネーゼ。チーズとブラックペッパーたっぷりで。

ところで主人は一体何時になったら帰ってくる気？　毎週お腹を空かせて待たされる娘と私。帰りが21時すぎるのなら早めに連絡してね。

2016年 02月 26日

am11:00の寝室

寝具は白で統一。寒い冬の間だけポイントでグレーのウール原毛のブランケット。無印良品のもの。布団の上に1枚掛けるだけで暖かさが全然違います。ベッドはシングルとダブルをくっつけて使用中。今は子どもを挟んで川の字で。もう少し大きくなったら、娘はシングルを、私と主人でダブルを使う予定。お互いイヤじゃなければね。

2016年 02月 28日

無印良品のダイニングテーブル

今日の3時のおやつは福岡銘菓「チロリアン」。おやつを食べるのも、絵本を読むのも、お絵かきするのも全部ココでしています。どこからでも座れる円形のおおきなテーブル。我が家は直径180cm。オークの無垢材でがっしりどっしり。無印良品のREAL FURNITUREシリーズ。1cm単位でオーダーできます。

2016年 03月05日

松岡製作所のキッチン

キッチンの収納の話。向かって右から20㎝が調味料入れ、IH前90㎝3段が調理器具入れ、食洗機を挟んで、シンク下90㎝がゴミ収納、一番左20㎝が洗剤と小物入れ、全長270㎝。食洗機を中心にシンメトリーになるように寸法決め。シンク下のゴミ収納に燃えるゴミ以外のゴミを突っ込んでゴミの日まで待機。これがキッチン周りをすっきりさせるポイントのひとつだったりします。

　オールステンレスでお気に入りのキッチンは、松岡製作所でオーダーしました。

2016年 03月 10日

包丁はGLOBALのGS-3

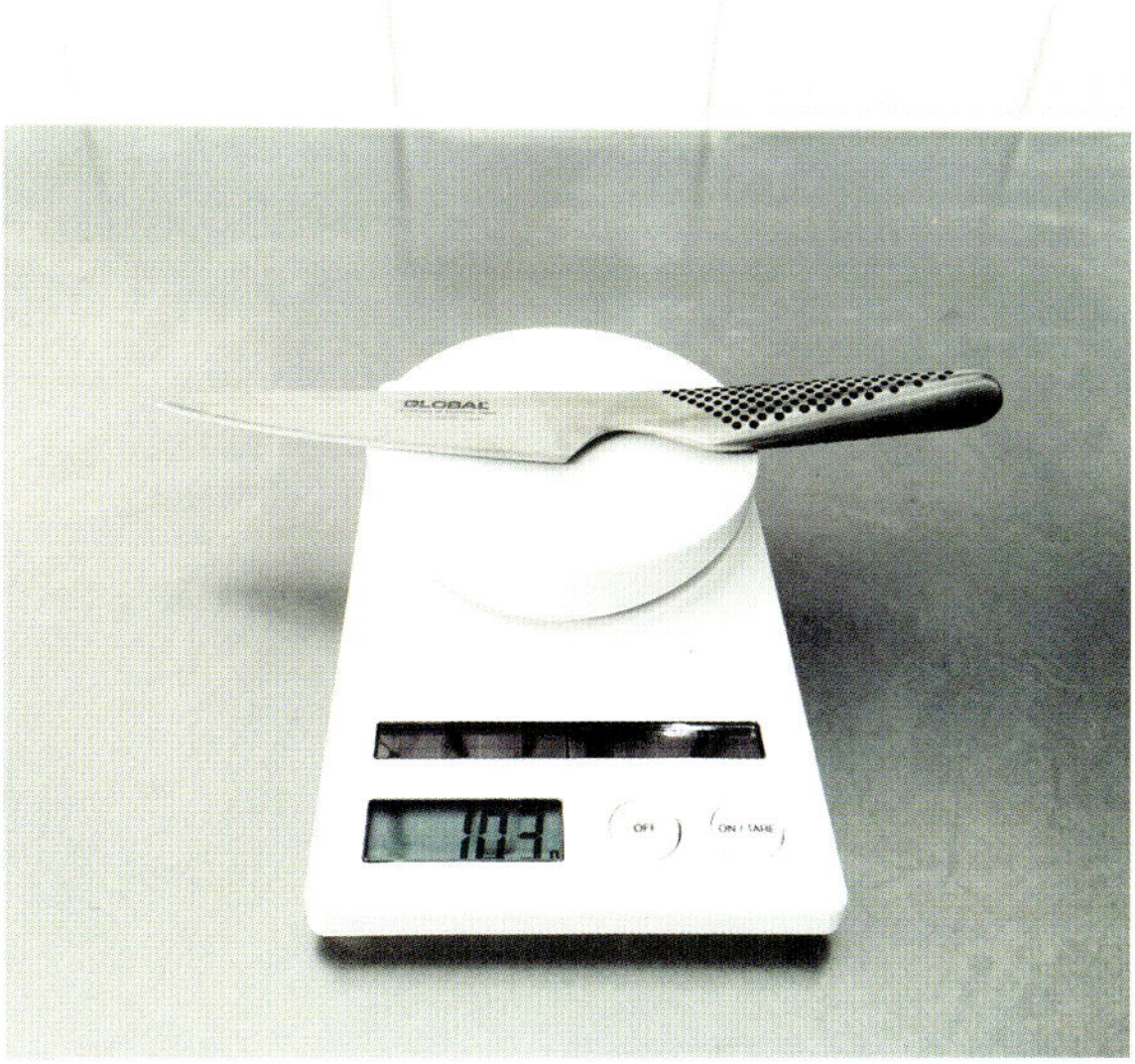

私の相棒。これ1本で戦ってます。肉だって魚だって野菜だって普通に切れます。切れすぎるぐらい切れます。軽くて手に馴染むサイズで使いやすいです。ステンレスの継目のない成型で汚れもたまりません。私はただの主婦なのでこれ以上は何も求めません。

先日、メーカーの研ぎ直しサービスに出してみました。行きの送料はこちら負担で帰りはメーカー持ち。1週間ぐらいで戻ってきました。新品みたいな切れ味と新品みたいなピカピカ具合に、もう新しく包丁を買うことはないんじゃないかと思いました。

02

大木 聖美さん

Ohki Satomi

風通しの良い暮らしを目指しています。

➡「我が道ライフ」 http://wagamichilife.jp/

Instagram user name
「我が道ライフ 大木聖美」
https://www.instagram.com/wagamichilife/

横浜在住の整理収納アドバイザー。40代。「使いやすくて快適で美しい収納」が好き。培ったノウハウを生かし、セミナー講師や個人宅の片付けサービスをしています。自分や家族の「好き」を大切に、気に入ったものを長く大切に使うことを心掛けています。インテリアも身の回りもすっきりシンプルに！全てにおいて風通しの良い暮らしを目指しています。

▶ミニマル&シンプルな暮らしを楽しむ工夫

衣 量を決め、季節ごとで手持ちの洋服を見直し、お疲れさまな服を手放し、新しい服を迎えています。

食 新鮮なものを食べたいから買いだめはせず、あえて小さな冷蔵庫を使い続けています。食材は約3日分を買い、使い切るよう心がけています。

住 見た目すっきりが好き。掃除が好き。だから飾るものを厳選して季節に合わせてあれこれ変えて楽しんでいます。

家族構成

主人、中学生・小学生の男子ふたりの4人家族

理想とする暮らしについて

モノに振り回されず、モノを振り回さず。モノと良い関係を保ちながら、仲良く長く大切に、お気に入りに囲まれて暮らしたい。

▶2015年 06月 12日

アロマオイルを使った掃除機がけ

シトシト雨が降っているこちら横浜。よくやる裏ワザで気持ちよく掃除機がけしました。

ちぎったティッシュにアロマオイルを数滴たらして掃除機で吸い込んでから掃除機がけをする方法です。スッキリしたくて、レモン＋グレープフルーツ＋ミントをチョイス。排気中、ずっといい香り。手軽にアロマオイルを使えるのでオススメです。

2015年 09月 05日

ボウルとザルは全部でこれだけ

我が家のボウルとザル、全部でこれだけ！　ザルはサイズ違いで3つ、全て柳宗理。ボウルは6つ。4つは柳宗理でひとつIKEA、そしてガラスのボウルはPYREX。どれも長く使ってます。ザルは網目の水分までスッキリ拭くことができて気持ちがいい！

ガラスのボウルはレンジもOKなので使用頻度高し。

以前はもっと持っていたのですが、今は使っているものだけ厳選して持つようにしています。全てを使っているのでこれ以上増えることも減ることもない我が家のボウルとザルなのでした。

2015年 09月 27日

何も置かないと掃除がラク

何も置いていないのは掃除がラクだから。食事の支度のたびにサッと全体を拭いています。壁紙に飛んだ油汚れも気付いたときに拭いていますが、さすがに住み始めて10年目なので汚れも年季が入ってきたよーな……。とにかく！油汚れはため込まないことがラク掃除への近道です！

2015年 10月 15日

朝リセット完了！

朝リセット完了！

以前は、家にあるもの全てを取り出しやすく使いやすく収納しようとしていました。が！　整理収納アドバイザー2級認定講座を受けて「使っていないもの」を取り除き、「使っているものだけ」を収納すると使い勝手が向上するという考え方に目からウロコ!!

手持ちのものを定期的に見直して、使わなくなったものは積極的に手放すクセがつきました。

2015年 10月 27日

冷蔵庫は小さめでお気に入り

我が家の冷蔵庫（WILLというnationalから出ていたもの。今は生産されていないみたい）は、容量260ℓだからひとり暮らし用って感じだけど、これで家族4人、十分暮らしていけます。高さは140センチほど。冷蔵庫の上が見渡せるのだけど、気付くとほんとすぐホコリがたまってるよね。奥まで手が届くので、気付いたらすぐ、フキフキしてあげてます。

同じようなデザインの冷蔵庫を探してますが出合えずにいます。コンパクトなのに存在感大、お気に入り冷蔵庫です。

2015年 11月 10日

我が家の調理道具これが全て

我が家の調理道具これが全てです。フライパンが大小ひとつずつ、結婚したときに買ったル・クルーゼ、無印良品の持ち手付き鍋、そしてシャトルシェフ。

これ以上増えても収納する場所がないし、取り出しにくくなるのが嫌だから増やしません。焼き魚や揚げ物は電子レンジ調理でカバーしています。

2015年 11月 30日

見せる収納は掃除に手間がかかる

右側にはタオル、タオルストック、部屋着やバスタオルなどを。左には洗濯に関する洗剤やネット、カゴを収納。無印良品、IKEA、100均のボックスを使って。グリーンはフェイクですが、あるだけで明るくなるから好き。見せる収納ですが、普段はホコリ取りではたくくらいです。そして週1回ぞうきんで拭いてます。見せる収納は掃除に手間がかかるので見せ加減が大事ですね。

私に収納の楽しさを教えてくれたのは近藤典子さんのテレビ番組。「工夫して収納する楽しさ」を知りました！

2015年 12月 21日

食洗機はクエン酸でピカピカに

曇りの横浜。朝ご飯&お弁当の用意をしつつ、夜ご飯の下ごしらえと煮物まで作ることができました。掃除機も終わってホッ。今は食洗機を洗ってます。

といっても、クエン酸を大さじ1振りかけて、ワンサイクル回すだけ。水アカ汚れが落ちて簡単にピカピカになりますよ。

2016年 01月 17日

印鑑は無印の歯ブラシスタンドに

ネットショッピングが多いので印鑑の利用率高し！ なので玄関の一番手が届きやすい場所に印鑑を置いています。無印良品の磁器歯ブラシスタンドに立ててスタンバイ。

取り出しやすいし、戻しやすい！ なくなることもなく家族みんなが把握できる方法かなと思っています。あ、印鑑も無印のですよー！

2016年 01月 27日

服を捨てるか残すか迷うとき

昔はたくさん洋服を持っているのがオシャレと思ってたけど、年齢とともに自分に似合う物だけを持ちたい！　に、変わりました。

お気に入りをフル活用するので、シーズン終わりにはヨレたりくたびれたりと「着倒した感」がすごい。

着倒したと感じたらすぐ処分。迷ったら一度着てみて鏡の前に立ってみて、捨てるか残すか判断！　それでも迷ったら翌シーズンにもう一度着て鏡の前で判断！　それでもさらに迷ったらそれを着て外を歩けるかイメージしてみて判断！

ここまですれば、洋服の断捨離で迷うことはなくなるかと。自己流ですが、捨てるか残すか迷っている服がある方、ぜひお試しを！

2016年 02月 01日

使用頻度によって収納場所を分ける

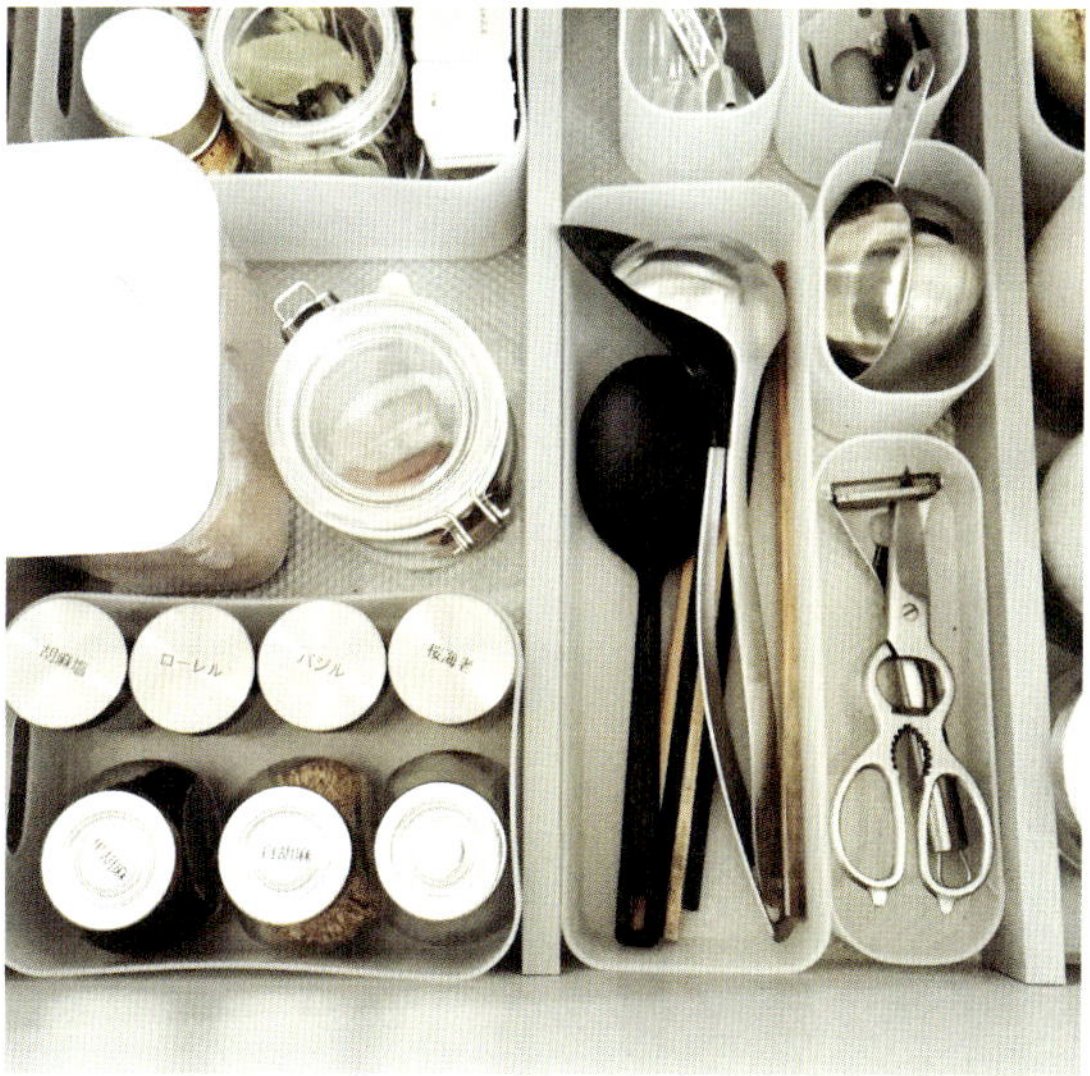

コンロ下の引き出しに調理道具と調味料を収納しています。

道具は場所を細かく仕切って収納。ここには使用頻度高めの道具のみ！　使用頻度低めのトングやスパチュラは、2軍専用の他の場所に収納！　使用頻度別に分けることで目的のものを素早く取り出せるようにしています。無印良品のポリプロピレン整理トレーとダイソーの商品が混在。IKEAの容器に入れた調味料にはラベルを付けてわかりやすく！

上から見て一目で判断がつくよう、ラベルの文字は大きくしました。毎日使う場所だから、テンション上がる感じにしてます。

2016年 02月 08日

ガラスとシルバーが好きなので

調味料や調理道具を収納しているIH下の引き出しです。右下にある四角い木の箱は「かつお節削り器」です！　大きなかつお節が中に収納できるようになっています。毎日使うヘビロテ品、何年使っているかわからない年季モノ。

この場所は使いやすさを追求して何度も見直し、やっと落ち着きました。使いやすい！

ガラスの透明感やシルバーのキラキラが好きなので、そのくくりの中で気に入ったものを探してます。

「収納は1日にして成らず」。少しずつ、コツコツと、日々の工夫と見直しの積み重ねの上に使いやすい収納はあると思います。

2015年 02月 15日

よく使うものは出しておく

掃除がラクだから隠す収納が好きですが、ここは出してます。

1階の洗面所、ソープディスペンサーにゴミ箱、コットンと綿棒。日常的によく使うので出してあると便利！　ステンレスやガラスで揃えて統一感を出し、少しでもスッキリ見えるようにしています。

この時期欠かせないクリームも、今は出しっ放しでケアしてます。下には100均のトレーを置いてキズ防止&まとまり感を出してます。

2016年 02月 15日

冷蔵庫に「早く食べてよ」ボックス

今日の冷蔵庫内。「早く食べてよ」ボックスの場所を変えました。一段上の段にして中身がよく見える場所に。さらに棚のど真ん中に置いて扉を開けたときにすぐ目に入る場所に! 毎日毎食使う場所

だから、ほんの少しでも使いやすくなるよう気付いたらすぐ改善しています。

さて、買い物に行かねば。まずはこのボックス内をチェックしてからメニューを考えるようになりましたよ。

2016年 02月 18日

洗面台の下の余白

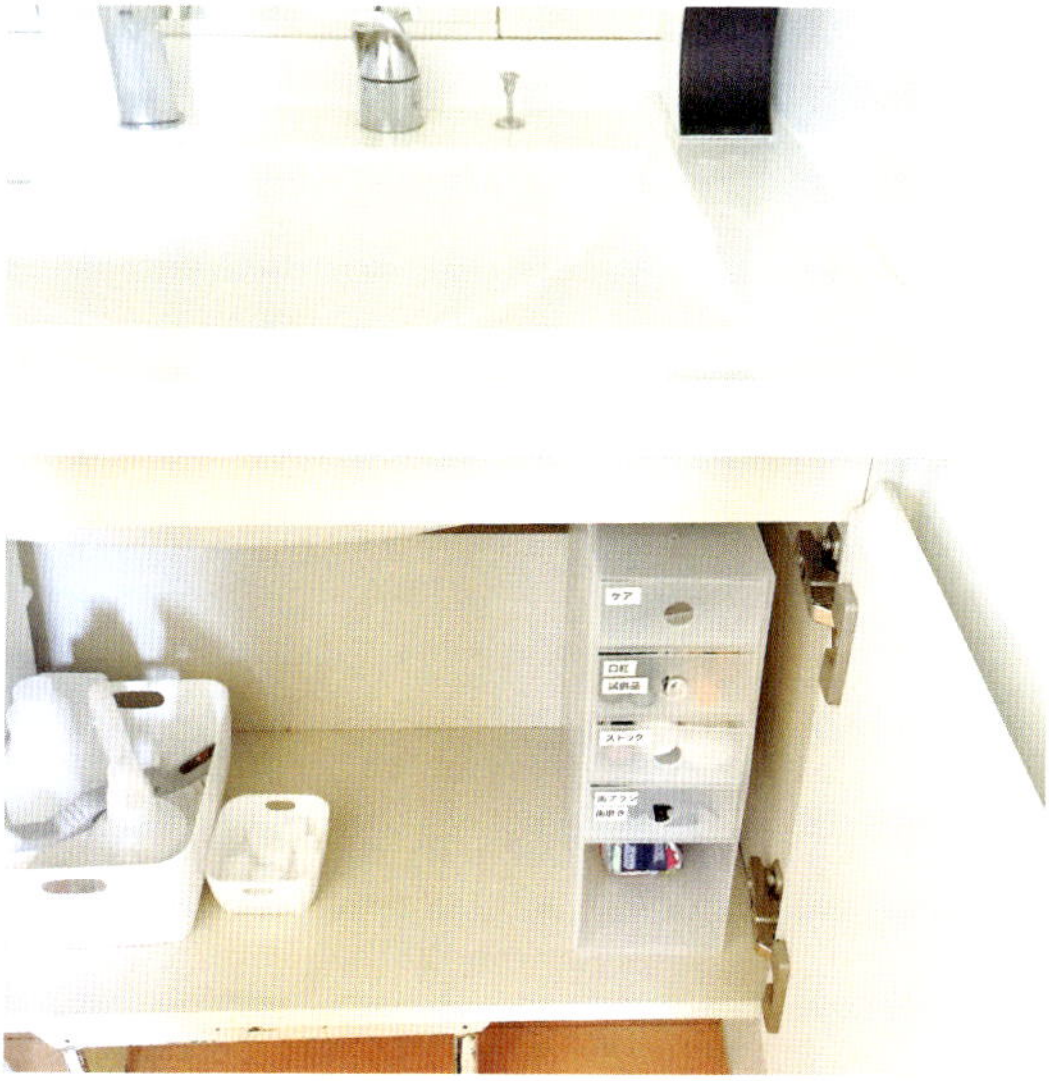

無印良品収納ボックスの他は、掃除道具しか入っていないけど、ここは子どもたちが朝の支度に使うところ。もう少し色気付いてきたらモノが増えるかなーと思ってます。そんなわけでの余白。昔は

空いた空間があると落ち着かなかったけど、すっかり慣れて余裕を楽しめるようになりました。余裕があると風通しもよく清潔!な、気がする。心にも余裕が生まれるから好きですー!

Instagram user name「holon」
https://instagram.com/holon_/

03
holonさん
holon

東京都在住、30代会社員。シンプルで簡単な家事や暮らしに興味があります。いつも整理整頓やモノ選びのときに思い浮かべるのは「役にたたないもの、美しいと思わないものを、家に置いてはならない」というウィリアム・モリスさんの名言です。シンプル・スッキリを心がけていると、家の掃除がしやすく、すぐに終わるのがとても助かります。また、やるべきことをすぐに実行できるので気分も楽です。

「シンプル＋スッキリ＝ラクチンな暮らし」がテーマです。

ミニマル&シンプルな暮らしを楽しむ工夫

衣 繊維物はどうしても劣化してしまうので、手入れのしやすい素材で、劣化したら買い替えも惜しみなくできる範囲で選びます。

食 安くておいしい旬の素材をメインに選ぶことが多いです。翌日くらいまでの食材しか買わないので、食材のロスも出にくいです。

住 リビングに一カ所ある飾るスペースに、季節の生花やグリーンを飾り、季節感を楽しんでいます。

家族構成
主人、私、長女、長男

理想とする暮らしについて
スムーズに家事が進む暮らし。／家族が自然と集まってのんびり過ごせる暮らし。

2014年 12月 02日

キッチンの洗剤入れは無印良品で

キッチンの洗剤入れは、無印良品の「ポリボトル・ノズル付・小 300㎖・クリア」（本当はガーデニング用品で、植物にお水をあげるためのものです）。安定して出すことができるので、私にはポンプタイプより使いやすい。ボトルが透明なので残量もわかりやすいです。普通の液体洗剤を2〜3倍に薄めて使っています。手洗い用の泡ハンドソープ入れも無印のものです。

私のお掃除はほとんどがルーティン作業です。これをしたらここの掃除をちょこっと済ませるというふうに体で覚えさせてしまえば本当に苦になりませんし、汚れをためてしまうことがありません。

2015年 05月 22日

身の丈生活

見栄による浪費が多いと、貯金がなかなかできないそうです。高級ブランドの商品、お値段の高い車、意味のない飲み会やお付き合い……いちいち他人の目を気にしていると、浪費も増える気がします。これからはもっと自然体に、自分に素直に、背伸びせず。常に身の丈で生活したいなあと思う日々であります。

かといって、絶対何も買わない！とかではなく、自分の生活に役に立たない、完全に無駄な浪費は、極限まで減らしたいところです。もともと「ぼっち」体質なのも、実はシンプルライフにはちょうどいいんだな～とあらためて思いました。

2015年 06月 22日

拭き掃除にアルカリ電解水

私はあらゆる場所の拭き掃除にアルカリ電解水を使っています。5倍希釈で、無印のスプレーボトルに入れ、毎日ガンガン使ってますが、なかなか減らなくてコスパいいです。成分は水なので、もちろん透明で匂いも無臭。アルカリ性なので、セスキ炭酸ソーダと同じような働きですが水に混ざりやすく、手荒れもしないのです。希釈率を変えれば、ガンコな油汚れから、野菜洗いまで使えるそうで、素晴らしい！

2015年 06月 27日

お風呂の掃除用具

掃除用具は、浴室にまとめてS字フックにつるしています。
掃除用品は、汚れてきたら簡単に買い直しができるように近所のセリアで調達しています。床用のブラシは日本製。毛がハードタイプなので床の汚れも泡スプレーをして軽くこすればOK。柄付きブラシは、スポンジのように浴槽内にわざわざ入って掃除しなくてもいいのですごく楽です。
お掃除が終わったあとの壁～床の水滴除去にはスクイージー（2989.jp）。これも便利。窓掃除の仕上げにも兼用で使っています。どこにでも売っているなんてことない製品ばかりですが、それぞれにホントいい仕事してくれます。

2015年 07月 19日

ふきんの収納と煮沸

ふきんは吊り戸棚にざっくり収納しています。たくさん置いておくと、惜しげもなく使えるので便利！ 煮沸用の鍋は、ふきんが多いときはル・クルーゼの大鍋、少ないときはミルクパンです。お鍋のお掃除もついでにできます。酸素系漂白剤とセスキはそれぞれティースプーン1杯ずつ。結構適当です。
食器はすすいだらどんどん作業台に置いて全部洗い終わったらフキフキして収納します。ふきんは、「レック 綿ドビー織りふきん 35×50㎝」。5枚で500円くらいのものです。

2015年 07月 20日

お掃除後は盛り塩

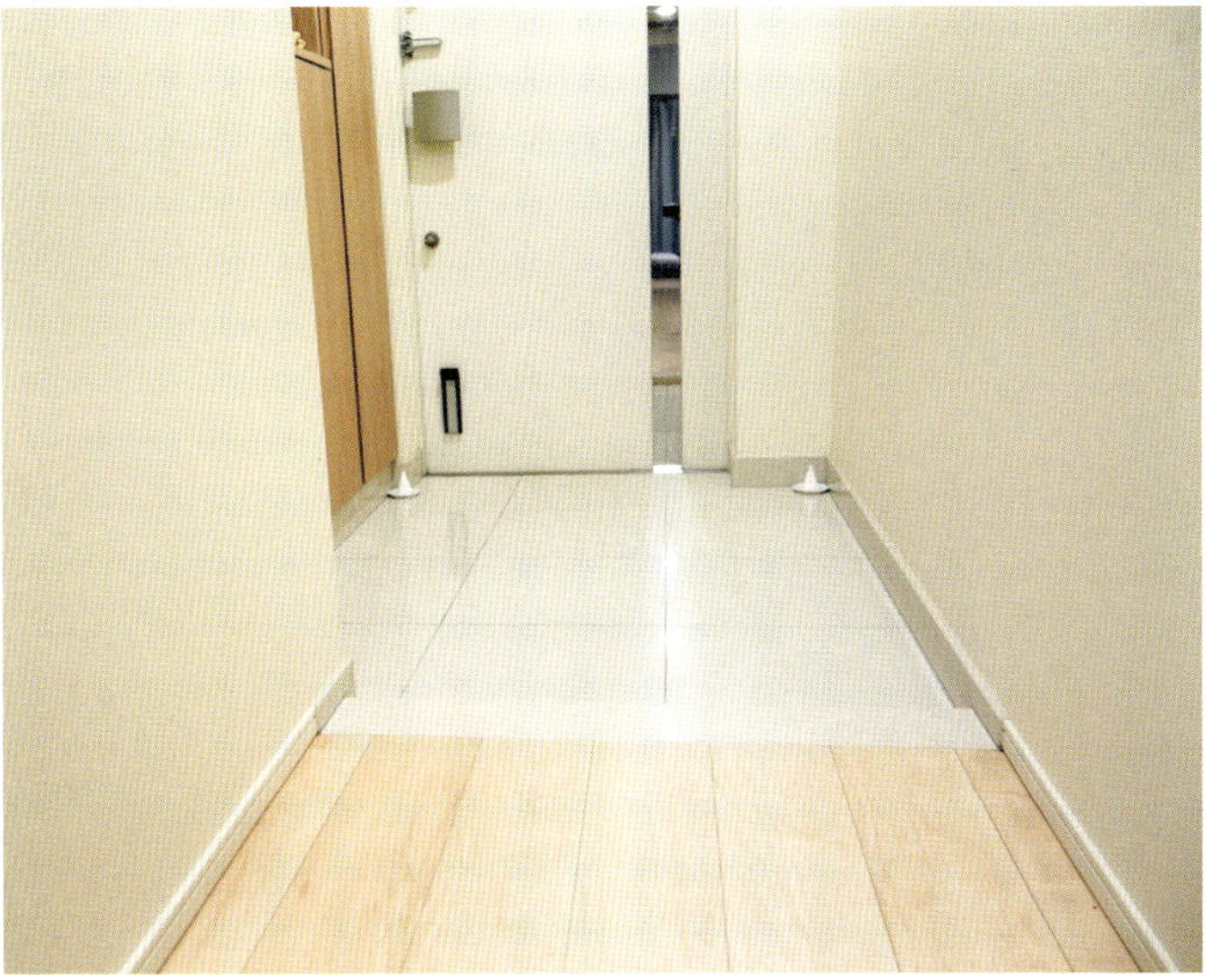

たたきを拭き掃除して、盛り塩の交換も終わり！　今夜もスッキリです。

盛り塩はセリアにて、盛り塩作成用の型とちょうどいい八角の小皿を発見！　セリアすごいです。早速玄関に設置してみました。私は風水に熱心ではありませんが、盛り塩があるだけで、なんとなく玄関が清められている感じ……いい気分です。

2015年 07月 28日

子どものお世話グッズ

テンベアのブックトートに、子どものお世話グッズはひとまとめにしています。取っ手が付いているので、持ち運びも楽々です。ダイソーのケースを使って、こまごまとしたものを入れています。たっぷり入って出し入れしやすいブックトートは、将来自分用に使えるのが楽しみ！

▶ 2015年 08月 04日

ぶら下げる

キッチントップにはものを常駐させたくないので、一時置き場を換気扇部分に作っています。2個のS字フックには、何でもぶら下げており、最近は哺乳瓶の煮沸洗いに使うトングがよく下がっています。ほうろうのマグは、強力磁石を使えばピタッとくっついて戻すときも楽です。

置きっ放しにせず、空中にぶら下げておけば、お掃除のときも邪魔になりません。

▶ 2015年 08月 27日

レジ袋はワンサイズだけ残す

スーパーでもらうレジ袋は、ワンサイズだけとっておきます。理由は、リビングで使っているニトリの取っ手付きゴミ箱にしか使わないため。畳んでしまうと、いざ広げたらゴミ箱より小さくてムキー！となるのが嫌なのです。形が特殊・大きすぎる・小さすぎる袋は、捨てるようにしています。

そして筒状になるように畳んで、マスキングテープで留めれば、こんなにコンパクトに。リップクリームと変わらないサイズなので、バッグやポーチにひとつ入れて持ち歩いてもいいかなと思いました。

2015年 11月 09日

冷蔵庫記録

冷蔵庫の中身です。KURASHI & Trips JAM LABORATORY のジャム瓶、ほんとにかわいいな。新しい味が発売される度においしそうなジャムに誘惑されながらも、今後も月1ペースでちびちび……買いたいなあと思っています。空きびんには塩昆布とサプリを入れています。塩昆布はチャック付きの袋で売っている場合が多いので、瓶に詰め替えると、毎回開けたり閉めたり……が面倒でなくなります。

2015年 11月 21日

苦手な掃除場所

それは窓です。外に面しているので汚れるペースが早く、サンの複雑な形状。すぐにホコリが付く網戸。気付くと目立つ部分に子どもの手あかが……なんてこともあり、サボるとすぐに汚れるゾーンです。でも窓掃除って本当に面倒で、他の箇所よりどうしても掃除回数が少なくなってしまいます。私の住んでる家の窓は計3つですが、戸建ての窓の多さと年々年老いていく両親のことを思うと、実家の窓拭き、今年中にはお手伝いしたいです。

04

misaさん

misa

北欧テイストのスッキリと整った部屋が目標です。

Instagram user name「ruutu73」
https://www.instagram.com/ruutu73/

大阪府在住、35歳、主婦。こぢんまりした住まいでも、小さな男の子がふたりいても、あきらめずに好きなインテリアを楽しみたい。大好きな北欧ヴィンテージの家具や雑貨に温かみを添えてもらいながら、すっきりと整ったお部屋作りを目標にしています。家事育児に追われる毎日が少しでも楽になるように、片付けやすい仕組み作りや効率的な収納を考えては試して。小さな工夫の積み重ねですが、少しずつ理想の快適な暮らしに近づいていけたらと思います。

家族構成
夫、長男（4歳）、次男（2歳）の4人家族。

理想とする暮らしについて
家にも物にも縛られない暮らし。／自在に変化を楽しめる部屋。／家事がはかどる、効率的で無駄のない部屋。

ミニマル&シンプルな暮らしを楽しむ工夫

衣 服の数を半分に減らしたことを機に、決めた自分ルールがあります。……プチプラな服ほど購入に時間をかける。／自分の定番アイテムを把握しておく。／流行に振り回されない。

食 できるだけ使い切りのサイズ、数日で使い切れる量を買う。食材管理しやすく、冷蔵庫の拭き掃除も楽。

住 家に縛られず、暮らしそのものの充実、趣味や旅行に費やせるお金を大切にしたい。狭いマンションは収納も少ないから持ち物は厳選し、増やさない努力をします。

2015年 04月 01日

好きなものを並べる

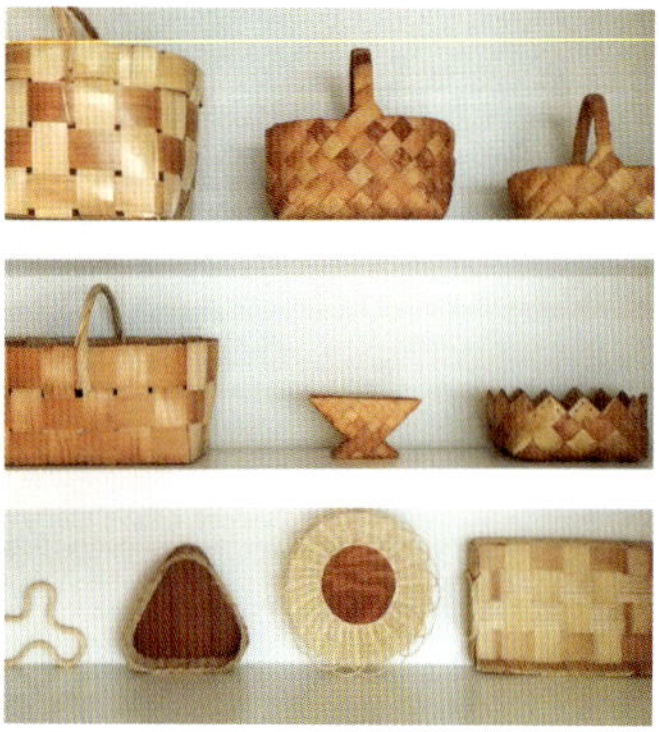

お掃除しやすく、シンプルでスッキリした暮らしを意識していますが、私は遊び心も欲しいと思います。よく見たらいろいろと飾っているのに、全体的になんだかすっきり整っている、そんなお部屋を目標にしています。まだまだ全体のバランスに自信がないため、写真に撮ってみて客観的に眺めてみることも。雑貨を増やしたり減らしたり、試行錯誤中です。

お気に入りの北欧ヴィンテージのかごたち。真っ白だった白樺のかごが自分の手元で少しずつあめ色に変化していく様子は、共に時を刻んでいるようで年々思い入れが深まります。「古いからこそ」の価値がある。と今は感じています。

2015年 05月 20日

4.5畳の和室に北欧生地のカーテン

リビングに隣接した4・5畳の和室。「和紙畳」なのでい草のいい香りはしません。その代わりダニやカビが発生しにくく汚れを拭き取りやすい上、変色しにくいそうです。小さな子どもがいる我が家にはありがたい畳♪

押し入れの扉はすぐに外して、カーテンレールを取り付けました。好きな生地をつるしていろんな雰囲気を楽しんでいます。押し入れ内は家族全員のクローゼット。頻繁に開け閉めするし、カーテンを開けっ放すこともあるので、押し入れ内の整とんもそれなりにちゃんと。和室×北欧生地（マリメッコの元デザイナー・vuokkoのもの）の感じも大好きです。

2015年 07月 06日

無印のファイルボックスを横向きに

無印のファイルボックス（ワイド）は家中で大活躍です。洗面所では横向きに置いて、壁にすっとなじんでもらっています。中身は洗剤やお掃除アイテム。にぎやかすぎる色で大氾濫中。「隠したいもの」の、「見せる収納」にもってこい。

そして我が家では、ハンドタオルをメインに取り入れています。歯磨きや洗顔後、子どもたちの手洗いのあと、使ったらその手で洗濯機へ。お風呂上がりに浴室内で身体の水分を拭き取るときも絞りやすい。洗濯物の容量も収納スペースも単価も、フェイスタオルの約半分に抑えられます。大きなサイズを余して使うより効率的ですし、いつも洗いたてのタオルは気持ちよく、どこか贅沢な気分になれるのです。

2015年 12月 03日

愛用のふきんは6等分にカットして使う

台拭き用にセルロースのふきん（「ドイツのフキン・ブリッツ」）を愛用しています。吸収性が抜群で、飲み物をこぼされても素早く対応できますし、すぐ乾くので衛生的。我が家では6等分にカットしたものをストックしておき、キッチン周りのちょこっと掃除で使用しています。冷蔵庫内やレンジ内のポイント拭き、水栓周りの拭き取りなどなど。終わったら洗剤で洗い、よく絞って翌朝までシンクの水切り網の上で広げておけばパリッと乾きます。最後には小さなぞうきんになってお役目終了。ウエス（古着などを小さく切ったもの）だと繊維が気になる方にもオススメです。

2015年 12月 07日

シンクのお手入れはクエン酸で

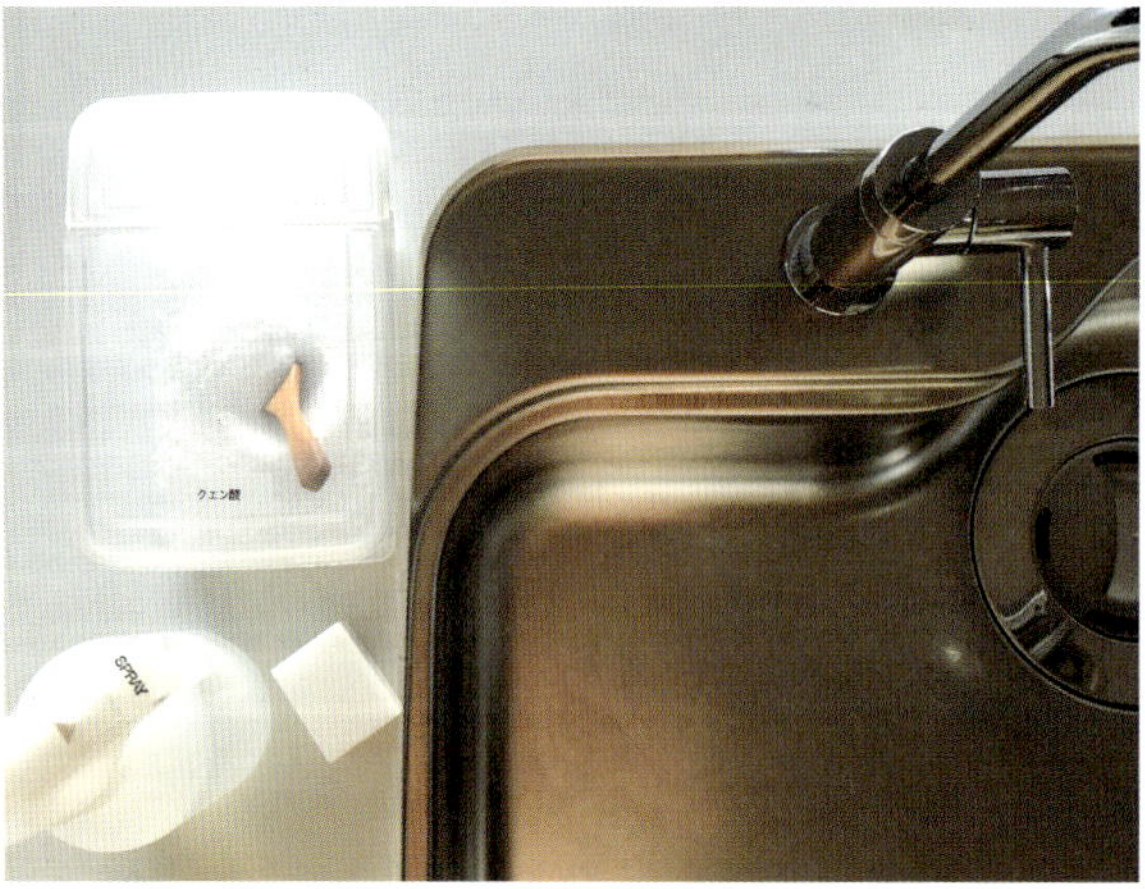

食器洗い後はそのまま中性洗剤でシンクも洗い、毎回必ず汚れを落とします。大きなお鍋を洗うくらいの作業ですが、するとしないでは大違いですよね。時々クリームクレンザーで磨いたりもします。

水あか汚れに気付いたらクエン酸水をスプレーしてしばし放置。歯ブラシでこすり落とせば、ピカピカになりますよ。

クエン酸は小さなスプーンにすくってそのままスプレー容器に流し込むという雑な手法で作っています（笑）。お湯のほうが効くかな？と蛇口からお湯を注いで振ったらできあがりです。

2015年 12月 22日

浴室のお掃除は日々の小さな積み重ね

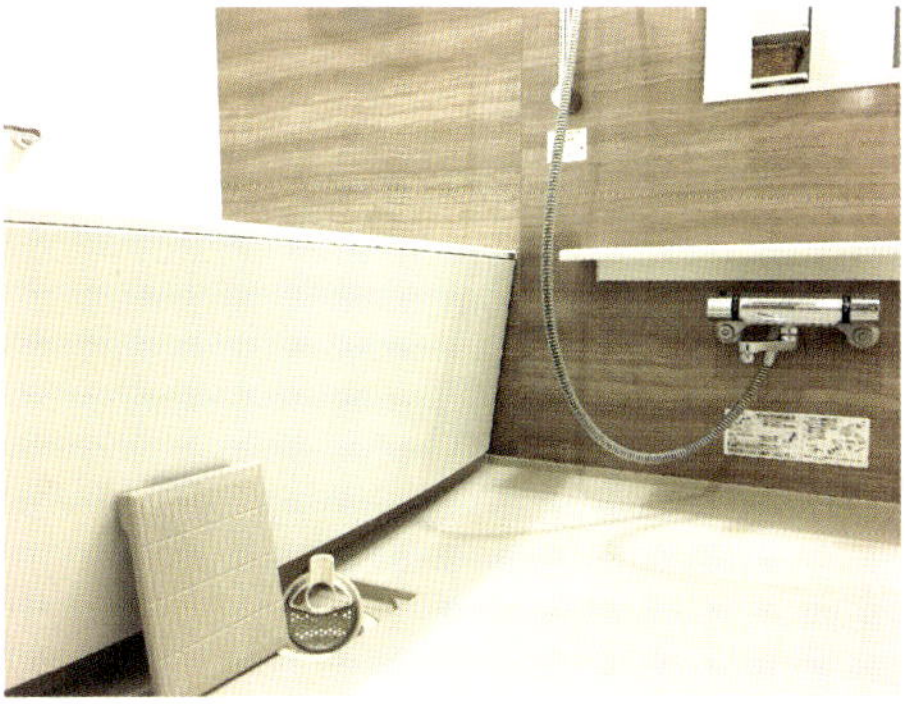

浴槽エプロンの裏側や排水溝などの掃除はやっぱり嫌いです。でもやらないと恐ろしいことになるのでやるしかない。日々の小さな積み重ねこそが大変なお掃除を回避できる手段です〜。毎日お風呂上がりには必ず排水ネットの髪の毛を捨てて、ネットを外して洗います。必要であればブラシでゴシゴシ。それだけでヌメリのスピードが断然違いますが、洗ったあとのネットは立てておき、ふたも外して立てて乾かしています。

浴槽や床のお掃除には「バスマジックリン泡立ちスプレー壁の防カビプラス」を使っています。液体が無色なので無印のボトルに詰め替えても違和感がなくていいですよ。

蛇口部分やミラーにはお湯に溶かしたクエン酸をスプレーして、スポンジで軽くこすればピカピカに。

2015年 12月 29日

キッチンのリセット完了

カウンター上までリセットしたらやっと自分時間。キッチンには何も置かないことが一番すっきり。最後に除菌効果の高い「ドーバーパストリーゼ77」で拭き拭き。

2016年 02月 01日

変化していく部屋が好き

和室収納は、突っ張り棒を使ってハンガー収納も可能な仕様にしています。必要に応じて自在に変化していけるお部屋や収納に魅力を感じていて、試しているうちに我が家にベストマッチするやり方が見えてくるので楽しいです。
　狭いマンションは思っていたよりずっとエコでした。収納も少ないから持ち物は厳選するし、物を増やさない努力をします。その代わりにこだわりたい部分は妥協せずに本当に気に入ったものだけを家に入れる。そうすることでシンプルな暮らしにつながっているような気がします。

2016年 02月 05日

フロックボックスを使った収納

天袋の収納に、フロックボックスを使ってみました。ふたの開け方を4段階で調整できるという便利さ。我が家の天袋に置いた状態で、私が背伸びするとふたの開閉が可能です（身長160cmくらい）。大ざっぱな管理でも平気なものなら背伸びでしまえて、脚立を使えば真横から中身を確認できます。
　一番右のワイドにはお休み中のおもちゃ、ぬいぐるみをガサッと入れています。今あるおもちゃに飽きてきたかな？というタイミングで子どもたちの前で開放すると、目をキラキラさせて喜びます（笑）。

2016年 02月 05日

クローゼット収納

服の持ち方に関して考えました。自分の服を一カ所に集め、ハンガーにつり、アイテムごとに並べて。そうするとさまざまな気付きがあって、クローゼットを大幅に見直すことになりました。例えばパンツ（デニム）。どれも似てるわ〜。次新しいものを購入するときは1本処分してからにしようと誓い、パンツ用ハンガーを導入して、見えるつり収納にしました。

こちらのクローゼットは、扉は取り外してオープンにしています。年に数回しか着ないものは他の場所に収納。とにかく我が家のように狭いマンション暮らしだと工夫が要ります〜。必然的にシンプルライフの修行になっている気がします。

2016年 02月 15日

廊下収納は余白が便利

廊下にふたつ並んだ開き戸の収納庫。ひとつは扉を外しています。かごを置いている段だけ余白たっぷり。こういう余白が意外に便利です。時には一時置き場に、時には簡単な作業スペースとして。

2段目は本や雑誌をここに収まる分だけと決めて、ジャンル別にボックス収納しています。スペースが決まっていると購入は慎重になり、整理整頓も手軽です。自分の手で暮らしを整えるようになって6年。無理なく管理できる量というのが大体わかってきました。それが意外と少ないのだということも。

05

sio さん

sio

引っ越し経験に鍛えられた身軽な暮らし方。

Instagram user name「sio119」
https://www.instagram.com/sio119/

長崎県在住、アラフォー主婦。夫と小学3年生の息子、1歳のミニチュアシュナウザーの3人と1匹暮らし。掃除をして洗濯をして家族の健康を支えるご飯を作る、そんな普通の毎日を送っています。いかに楽して、いかに楽しく、暮らしを整えるか。家事のしくみを考えることが好きです。

ミニマル&シンプルな暮らしを楽しむ工夫

衣 ベーシックで素材が良いものを少しだけ。／靴はブラシで汚れを落とし、1日休ませてから下駄箱へ。／バッグははたいてほこりを落とし、ウェットティッシュで拭いて、1日室内干ししてからクローゼットへ。

食 手の込んだ料理は作れませんが、食費は削らず、素材にこだわり、シンプルに食すのが好きです。

住 清潔、安全（子どもやペットにとって）を心掛けています。買い物は長く使えるか、使う度に気分が上がるか？などじっくり考えてから。

家族構成
夫、息子（小学3年生）、犬

理想とする暮らしについて
隅々まで掃除が行き届き、すっきり片付いた見通し・風通しの良い家でシンプルに暮らすこと。毎日を大切に、家事も楽しみながら、我が家らしく暮らすこと。

2015年 04月 27日

消しゴムかすはほうきとちりとりで集める

2年生になって、朝起きるのも起きてからの支度も早くなった息子。おかげで、毎朝5分ほどの家庭学習が習慣になりました。1日5分・ドリル数枚でも、1ケ月にするとかなりの量。これからも続けていってほしいなぁ。

学習後の消しゴムかすはいつも、「ノーマンコペンハーゲン」のブラシ&ちりとりでササッと集めています。ブラシもちりとりも大きいので、不器用な息子でも使いやすいみたいです。

2015年 08月 20日

片付けと掃除をパパッと済ませて

何も予定がない日はついダラダラ……。片付けと掃除をパパッと済ませてお買い物に行ってきます。

我が家は夫が長期出張が多い仕事で、これまでに引っ越しを8回も繰り返してきました。おかげで、物を持ちすぎずに身軽に暮らす習慣がついた気がします。

物が少なく、物の定位置が決まっていると、片付けも掃除もあっという間です。息子の友達が急に遊びに来ても、ご近所さんが急に来ても、中にどうぞといつでも言えるのはうれしいです。

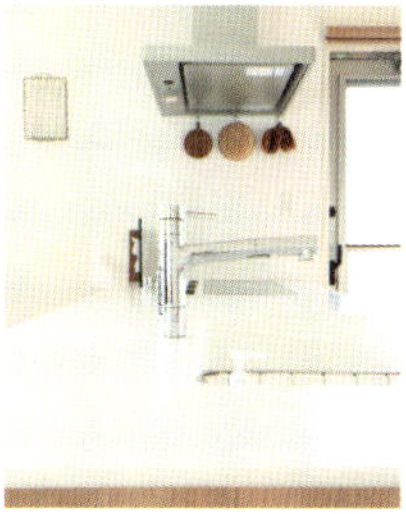

2015年 09月 12日

土間収納は見られてもいいように

玄関横の土間収納には、靴・傘・傘立て・掃除用品・防災用品・アウトドア用品・工具・帽子・犬の散歩用品・外遊び用品・アウター……などなど、盛りだくさんに収めています。ほこりがたまりやすいので、たたきには物を直置きしないようにしています。

下駄箱の中を見られることはあまりないけれど、ドアだと「ここは何？　開けてもいい？」と聞かれることがたまにあるので、いつも整理整頓を心掛けるようになりました。子どもを学校に送り出すついでに、玄関周りをサッと掃除するのも日課です。

2015年 10月 06日

ベッドメイクは二段階で

朝起きたら布団を大きくめくっておきます。朝ごはんと片付けが済むと、洋服を取りに2階の寝室に上がるので、そのタイミングでベッドメイク。起きてすぐのベッドメイクは湿気がこもりやすいと聞いて、我が家はいつもこの方法です。

布団カバー類は「松並木」の無添加ガーゼで揃えています。3重ガーゼの布団カバーは夏には布団を入れずにガーゼケットとして使っています。夏は涼しく・冬は暖かい無添加ガーゼ、1年中使えてお気に入りです。

2015年 10月 06日

身支度ついでに洗面台掃除

洗面台は毎朝、身支度ついでに掃除しています。アクリルたわしにハンドソープを1プッシュして、洗面ボウルをこするだけ。そして、洗濯かごに入れる前のタオルで、蛇口→鏡→カウンターの順にキュッと拭くだけ。使い終わったアクリルたわしは洗濯機横のフックに掛けて乾かします。

毎日の習慣にしていると汚れがたまらないので、専用の洗剤がなくてもきれいになります。毎日のことだから、できるだけ簡単に♪

2015年 10月 10日

子どもの椅子は食後に必ず水拭き

息子のダイニングチェアは「ストッケ」の「トリップトラップ」。1歳の誕生日に購入しました。小さかった頃は食べ終わると、椅子も床も汚れまくりで、ふきんでの水拭きが必須でした。

　7年経った今でも、その習慣は続いていて、テーブルを拭いた最後に背もたれ→脚→座面→足置きの順にキュッと拭いています。傷はたくさんあるけれど、いつも清潔な子ども椅子。息子はいつまで座ってくれるかな？（大人の椅子はそんなに拭いていません……。）

2015年 10月 20日

子どもの工作用にストックしておく

学校から帰宅した息子の連絡帳に「箱とトイレットペーパーの芯を持ってくる」と書いてありました。これってうちの学校だけ？ それとも普通にあること？ 昨日の今日で急に持って来いと言われても……。必要ない物はすぐに処分してしまう私ですが、プリンカップ・空き箱・ラップの芯・フルーツキャップなど工作に使えそうな物はストックするようになりました。IKEAのバッグに入れて土間収納で保管しています。

　ここに工作用品があると知っている息子は、以前よりも自宅であれこれ作るようになりました。工作は大いにやってほしい、大歓迎です♪

2015年 10月 24日

洗面室と玄関は2方向から出入りできるように

私が小さい頃、父はよく自宅に友人を呼んでいました。

お風呂に入るときや寝る前に歯を磨くとき、お客様のいるリビングを通って洗面室やお風呂に行くのがあまり好きではありませんでした。そんな記憶もヒントの一つになり、我が家の洗面室と玄関は2方向からアクセスできる間取りにしてもらいました。

インターホンが鳴ったら洗面室側からサッと玄関へ。炊事に取り掛かるときはキッチンと隣り合った洗面室でパッと手洗い。帰宅したら玄関から洗面室へ直行してうがい。この動線、便利で気に入っています。

2015年 10月 26日

月曜は気合を入れてがっつり掃除

ゴミ捨てに行こうと勝手口を開けたら、にこが慌ててやってきました！

月曜日はゴミ収集日。冷蔵庫や土間収納の整理から始まり、布団干しとシーツ類の洗濯、ソファのクッションとブランケット干し、エレクトロラックスでの念入り掃除機掛け……などなど気合が入ります。

土日は家族がいたり出かけたりで思うように掃除・片付けができないので、月曜日はがっつり掃除することが多いです。

2015年 12月 30日

掃除機は2種類を使い分け

今日は家中を丁寧に掃除機掛けして、年末の大掃除、完了しました。

普段の掃除は手軽なマキタで。1階だけじっくりの日、1・2階とも、ざーっとの日、これを毎日繰り返しています。

エレクトロラックスの掃除機は月に1、2回の頻度で使用。とにかく重くて重労働だけれど大きさの割には小回りがきくし、排気がきれいで静かだし、何より吸引力がすごい！のでお気に入りです。

2016年 02月 16日

腹八分目だと後片付けが苦にならない！

我が家の晩ご飯は18時。これまでは食べ終わったら、なんとなくソファでちょっと休憩していました。でも、今年の目標の、腹八分目を守るようになってからは、食後すぐの後片付けが苦にならなくなり、19時前にはキッチンがすっきり片付くように。

最近は、キッチンを片付けたらお風呂にiPhoneを持ち込んで半身浴しています。

晩ご飯のあとはお風呂上がりのヤクルト以外、口にしない。ジムも続いているし、痩せないわけがない……のに、なかなか効果が現れませーん！

06

arataさん

arata

モノ・手間・出費が少ないことで心豊かになれます。

「ズボラ主婦のミニマムライフ～引き算の暮らし～」
http://s.ameblo.jp/kitchen-drunker-arata/

Instagram user name「kitchen.drunker」
https://www.instagram.com/kitchen.drunker/

「LESS IS MORE 少ないほど豊か」less stuff, less work, less expense equals more money, more time, more joy. より少ない持ち物、より少ない作業量、より少ない出費＝より多い財産、より多い自分時間、より多い喜び をモットーに主婦業をしています。湘南在住、30代専業主婦。ズボラで何をするのもおっくう、面倒くさがりやな主婦4年生。「評価されない主婦業」をとにかく効率的に早く楽にこなしたい。面倒くさいゆえに思いつく、省略して楽する主婦業を模索中。

▶ミニマル&シンプルな暮らしを楽しむ工夫

衣 完璧を求めない、抜くところは抜く。自分の良いと思うもの、自分が本当に必要なものかを考えて買い物する。

食 身体に良いものを意識し、極力手作りしています。

住 極力、物を出さない、敷かない、飾らない。

家族構成

夫と犬。5月に出産予定

これからチャレンジしたいこと

出産を控えていますので、最低限のものでシンプルミニマム子育てにチャレンジしたいです。

▶2015年 05月 21日

手作りドレッシングでスッキリ冷蔵庫

ドレッシングやタレ類って意外にお値段するし、何より気付かないうちに増えて邪魔になるから、我が家は全部手作りが基本です。 必ず常備してるのは、手前のポン酢・レモン汁・ナンプラー・バルサミコ酢。実家のレモンとゆずが収穫の時期はポン酢も手作り。 粉ダニ対策でパスタ・スパイス・粉ものは冷蔵庫上段へ。さて、ここから断捨離してすっきりミニマム冷蔵庫にするのが目標！

2015年 06月 15日

セスキスプレーでのピカピカの床に

セスキの良いところ。私の感想ですが、①溶液を2カ月くらい作り置きできる　②スプレーで噴射できる　③安いということ。使い方は、水500㎖に小さじ1を溶かす、などいろいろあるけど面倒なので、調味料ボトルにセスキを詰め替え、スプレーボトルに直入れして、水を入れて溶液を作ってます。

床拭きすると汚れが一皮剥けたように取れ、ピカピカに！　調子に乗って1階～2階～階段と拭きまくりたくなります！（笑）　終わったあとは汗ダクだけど、ぞうきんが真っ黒になる快感はやめられないです！　今やクイックルワイパーもウェットシートもやめて、ドライシートにセスキをシュッシュッと噴射して使っています（笑）。

2015年 06月 18日

テーマは「脱ダニ・脱カビ・脱ホコリ」

私が「脱ダニ・脱カビ・脱ホコリ」に目覚めたのは結婚1年目の梅雨。もともとアレルギー性鼻炎でしたが、初めて喘息の発作が！　呼吸器科の先生に言われたのは……「とにかく梅雨時期はカビダニが増える時期！」「じゅうたん・ラグ使ってる？」「冬にこたつは？」「観葉植物ある？」

私「……はい、全部Yesです」

先生「全部カビ・ダニ・ホコリの塊！　特にこの季節の観葉植物はカビ・ダニを部屋に振りまいているだけ！」

私「……」。

ひとり暮らし時代から育ててきた大量の観葉植物ちゃんたちとお別れしました。それから緑のないインテリアになったんです。脱ハウスダストインテリア！

2015年 07月 02日

我が家の洗剤はこれだけ

主婦になってから、広告に影響されて、メーカーの思惑通りに洗剤を買い集めていました。しかし去年の夏、オキシクリーン（酵素系漂白剤）に取りつかれた私はあらゆる洗剤の排除をスタート！　処分した洗剤は……キッチン油汚れ用、電子レンジ用、お風呂掃除用、トイレ便器用、壁紙用、窓拭き用、網戸用、畳用、ウッドデッキ用、タイルデッキ用…ｅｔｃ。本当にお金も場所も無駄でした。

今、家の洗剤はこれだけ。

オキシクリーン、漂白剤、セスキ、パストリーゼ（アルコール製剤）。この4つで乗り切ってます。玄関タイルも、オキシ任せ。ぞうきんにオキシ液を浸して、なでる程度に湿らせ、30分放置するだけ！

2015年 07月 15日

パストリーゼで、洗濯機のカビ防止

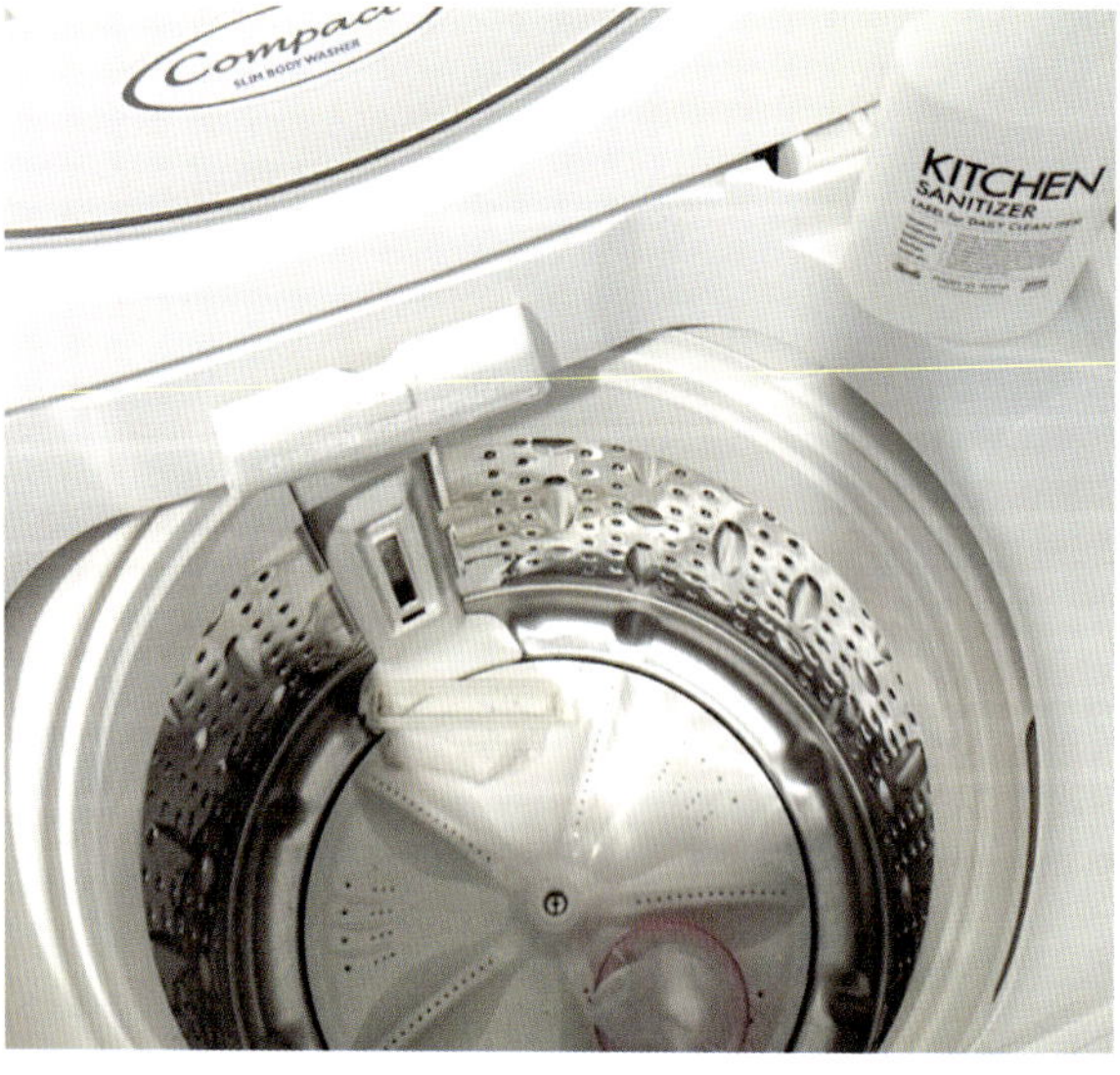

夫がひとり暮らし時代から使ってる6年物の洗濯機……。買い替えたいのに……さすが安定の日本製！（笑）昔はよくあるドラッグストアの洗濯槽クリーナーを使ってたけど、オキシでつけ置きしたら、まあきれいになるわなるわでまだまだ現役ちゃん……（笑）。

そして毎日の脱水後はごみ取りネットを外して、防カビのためにパストリーゼをシュシュッと。あのぴろぴろわかめちゃんが減った気が！　アルコール77%・強力な除菌力というパストリーゼ。もうやめられないー！

2015年 08月 10日

柔軟剤とボディソープを卒業したら……

うちの夫はいい年して背中ニキビが出る体質で、私がニキビと無縁だからどうしたら良いかずっと悩んでました。そんな中、去年から家庭用洗剤を減らしたついでに、柔軟剤とボディソープを卒業して半年。最近夫の背中ニキビが出なくなってる!!

成分が何か考えることもなくCMに感化されて当たり前に使っていた柔軟剤……やっぱり化学物質が身体に良いはずがないので、やめて大正解でした！　夫のワイシャツをアイロン掛けするときは、天然アロマのリネンウォーターで加齢臭予防してます（笑）。

2015年 08月 14日

身体も顔も固形石けん派！

身体も顔も固形石けん派！　洗顔ネットで泡立て、手で洗ってます。夫も固形石けん派にさせて半年、ボディーソープ&洗顔料の節約にもなるし、夫の背中ニキビで定期的に通ってた皮膚科も行かなくなり……お財布にもお肌にも優しいことばかり。

石けんは毎年行くバリかタイで「マンゴスチンソープ（天然ハーブの石けん）」を大人買い。なくなったら「牛乳石鹸」青箱です。石けんホルダーは、「マグネット石けんホルダー」。各社からさまざまなものが出ています。

2016年 12月 22日

鍋もオキシクリーンでピカピカに

フィスラーの鍋たちをオキシにつけ置きしてみました！　鍋の底と周りの全体的にくすんでいた色はピカピカに復活。内側の料理跡も消え、気になっていたフライパンの裏側の汚れも落ちました。私は、コストコで購入したオキシクリーンを使ってます。

①電気ケトルで55度のお湯を沸かし　②1リットルの計量カップに2オンス（約60ミリリットル）の粉　③溶けるまで30秒くらいひたすら混ぜ混ぜで、生ビールのような泡がモコモコ出ます。これでつけ置きします。

オキシのおかげで、お風呂洗剤、トイレ洗剤、洗濯機カビ取り洗剤、漂白剤、キッチン油用洗剤、庭のタイル用洗剤を一切使わなくなりました！

2016年 01月 15日

何も置かないミニマムデスク

今まで、机にたまるホコリが毎日毎日ストレスで……机周りを見直してみました！

デスク脇に置いてた収納家具もファイルも全部撤去！うん！　何も置かないスッキリミニマムデスク、気持ちいい！

3カ月分ため込んだ家計簿と確定申告のレシート類を無事やっつけました！

2016年 02月 09日

思うように進まない断捨離と片付け……

「今日こそは」と毎日思ってるんですが散らかり放題なので、戒めのために整理整頓＆収納記録を残すことにしました！　とりあえずまともな2階リビングから見直し、開かずの間の1階へ進める予定です。2020年オリンピックには英語をしゃべる！　という夫のために我が家のラベルは英語……（笑）。

ここはこまごましたアイテムたち。下段左は上から薬、ばんそうこう・輪ゴム・乾電池・裁縫セット・接着剤類・夫専用。下段右は左からMacBook関係・スマホ関係・祝儀袋や便箋封筒・家電説明書・夫専用・空のクリアファイル類。上段は来客用バスタオル・こまかい文具類・アイロン・毛玉取り。

ここだけは人様が来たら目につくのでどうにかきれいを保ってます。

2016年 02月 22日

食もミニマムに

最近は衣食住の「食」のミニマム化……添加物を減らし口に入れるものは良いものを……に重きを置くようになってます。

母は何でも手作りする人で、それを当たり前と思ってきたけど、いざ自分がまねしてやってみるととんでもない労力で、簡単にはまねできないことに最近気付きました！

自家製だし醤油、ポン酢、ゆずこしょう、タバスコ、みそ、ふりかけ、ドレッシングも焼肉のタレも全て母の手作りでした。ホームベーカリーなんてない時代からパン、餅、ピザ、うどん、そば……と何でも作ってしまうスーパー母ちゃん。私は15歳で親元を離れてしまったため、教わっていないことがたくさんありすぎて今は毎週実家に弟子入りする日々……（笑）。今日も母の味、自家製醤油こうじをありがたく使って夕飯を作ります。

07

junさん

jun

お気に入りの物だけに囲まれて暮らしたい。

Instagram user name「jun」
https://www.instagram.com/moutoko/

仙台市在住、30代後半、美容師。自宅兼美容室で完全予約制のサロンをひとりで営んでいます。気に入ったものだけにこだわり、集めることで、結果ミニマル&シンプルライフにたどり着きました。今あるものを大切に、お手入れすることで愛着も。大切なものだからこそ、これからも自分たちと同じように一緒に年を重ねていきたいです。

ミニマル&シンプルな暮らしを楽しむ工夫

食 うつわにこだわりを持つこと。北欧ヴィンテージの食器、日本の作家さんの器や、工芸品など日本のものに惹かれ、第一印象を大切にして選んでいます。

住 寝室は、1日の疲れを癒してくれる上質なホテルのように。ごちゃごちゃ物を置かずシンプルに。ベッドリネン、香り、空気清浄機、加湿器にもこだわり、1日の疲れを癒やしてくれる環境を。各部屋に「サンタマリアノヴェラ」のポプリの香りを。

家族構成

夫、私、愛犬（トイプードル）

理想とする暮らしについて

どの部屋もこだわりのある本当に気に入ったものだけに囲まれた生活を送りたいです。まだ途中段階なので、少しずつゆっくりもの選びを楽しみたいと思います。

2015年 05月 17日

お手洗いに試験管一輪挿し

私より繊細な旦那さん……。お手洗いに試験管一輪挿しをさり気なく飾ってました。

どの部屋もこだわりのある本当に気に入ったものだけに囲まれた生活を送りたいです。

2015年 05月 11日

キッチンで朝の時間を楽しむ

最近、旦那さん（家電夫）が何やらいろいろ棚を取り付けてくれて……。お気に入りのもののディスプレイも楽しんでいます。気分によって飾るものを変えてみたり。今は北欧のものと日本のものの組み合わせがマイブームです。

音楽を聴きながら、掃除、朝食、雑誌を読んだり、Instagramだったり……朝の時間がもっと好きになりました。

昨日がお休みで、いつもよりキチンと掃除したから、片付いてる朝は気持ちがいい！

2015年 06月 25日

パントリーの収納記録

昨日もちょこちょこと片付け。パントリーの中にごちゃごちゃ入れていた乾物の袋など、その他いろいろ……無印良品のクリアケースに収納。それだけでもスッキリ。

ステンレスのカゴの中には普段あまり使わない物を入れて。野田琺瑯（ほうろう）の容器と、調味料（こまごました調味料はパパッとすぐ使えるようにシンク引き出しに収納）。なんだか夫婦で最近片付け収納ブーム（笑）。

お気に入りのお皿にアイスのっけ♥

暑いねー。アイスのっけトースト♥ もたもたしていたら、溶けるの早ーい。

私はうつわが大好き。夫婦共稼ぎの我が家。仕事が終わって疲れたときの簡単な料理もお気に入りのうつわに盛り付けると素敵に大変身（笑）。ほんの少しのこだわりで笑顔の毎日。暮らしがとても豊かに感じます。

タオルやかごなどを統一してスッキリと

先日、お義姉さんから誕生日プレゼントでいただいたオサレな歯磨き粉。旦那さんのバースデーナンバー入り。どれにしようかな？ 旦那さん楽しそう（笑）。

一番下の棚左にはマットとトイプードルｍｏｕのタオルを。右の無印良品のカゴの中には洗面台用とお手洗い用の替えのタオルをストック。

真ん中の棚左は旦那と私のふわふわタオル。右はお客様のふわふわタオルをストックしています。タオルやかごなどを統一することでスッキリとした印象で気持ちよく家事をこなすことができて楽になりました。

2015年 08月 24日

手拭きタオルは真っ白のもの

我が家の脱衣所の手拭きタオルは真っ白なタオルを使っています。新築前にふたりで暮らしているときから……真っ白だと気持ちが良い＋汚れが目立ちやすいからきれいを保てる、と。なるほど……さすが漂白除菌好き男子の夫です（笑）。それから私も白が好きになりました。シンプルに全部を白で統一したい勢いだけれど……なかなかね（笑）。

キッチンとお手洗いは雰囲気に合わせて優しいブラウン系のタオルを。

今日も気持ちの良い朝。

2015年 11月 03日

白樺のかごにいつもみかん

この季節になると白樺のかごにいつもみかんがてんこ盛り。すぐになくなるので我が家のみかん星人のために私はせっせとスーパーのみかんコーナーへ（笑）。

白樺のかごや木のものなど……大好きな北欧ヴィンテージものはいつもオイルで磨いてピカピカに。お部屋も気持ちもスッキリします。

2015年 12月 23日

寝室は上質なホテルのように

今年から寝室にも空気清浄機（加湿付き）を置きました。ここ数年、睡眠中は喉もお肌も乾燥カッピカピの危険信号だったので、今年の冬は安心、安心。少し前にベッドリネンもリネンからパイル生地にチェンジ。肌触りも良いのでこれまた快適安眠です。昨晩はゆず風呂でゆっくり温まり……ぐっすり眠れました。

寝室は1日の疲れを癒やしてくれる上質なホテルのようにするのが理想です。

2016年 01月 22日

手作りのおいしいいちごジャム

朝も昼もトースト（笑）。今まで甘すぎるいちごジャムしか食べたことがなくて……いちごジャムがちょっぴり苦手だったけれど、いただいた手作りの甘さ控えめいちごジャムがおいしすぎて。ハマるとそればっかり。

さすがに夜はちゃんと夕飯作ります。

2016年 02月 01日

ワンちゃんとの暮らしは楽しい

今朝は珍しく朝からミルクティー。甘さゼロにしてIKEAシナモンロールと一緒に。
あら……トイプーのmouがカメラ目線♥ ジャンプ力がすごいから、ジャンプされると食べ物がキケンな状態。

食事のときはいつもあたふた、あたふた。ワンちゃんとの暮らしは楽しい。小さい頃から犬と一緒の生活だったから。でも外出したときに気になったり、旅行のときもやっぱり少し大変。

2016年 02月 03日

洗面所にも花を

観葉植物をすぐに枯らしちゃうので、私には切り花が合っているのかも……少しだけでも花があるとほっとします。

これはマトリカリアという花。棚は無印良品のパイン材ユニットシェルフです。

08

かこさん

kako

ものを少なくして掃除をラクに！

Instagram user name「かこ」
https://www.instagram.com/rerin77/

アラフォー夫婦ふたり暮らし。掃除が苦手なズボラ主婦なので、掃除が楽なインテリア、物を増やさないインテリアを目指し中です。ポイポイ捨てられる性格なので、すぐ捨てるんですが、考えなしに捨てた結果、同じものを再び買うことがたまーにあります。

ミニマル&シンプルな暮らしを楽しむ工夫

衣　夫は良いものを長く丁寧に使うことができる人なので、私もそれを見習って、服の買い方が変わりました。飽きたら夫婦で売りに行き、それでまた新しい服を買ったりしてます！

食　基本的にガマンはしませんが、冷蔵庫が小さめなので買いすぎないように気を付けています。買ってすぐ下ごしらえして、iwakiのタッパーに入れて日々の料理の時短を心掛けています。

住　2年前にマンションを購入。狭いので、収納家具は買わず、もともと付いている収納に収まる分だけの物しか持たないようにしています。

家族構成
夫と私

理想とする暮らしについて
必要なものを必要な数だけもち、長く使うことです。ただし、お手入れが面倒じゃなくシンプルに使えるもの。

2015年 01月 21日

今日は床掃除から始まりました……

掃除道具が遠くにあると、サボりがちなのですぐに取り出せるように各場所に置いてあります。気付いたら、視界に入っちゃったらすぐやる！を心掛けてますが、昨日、揚げてたイカリングが大爆発し、床が油まみれになり、それを踏んだスリッパで部屋の中を歩いてしまったようで、家中が油まみれに……。なので今日は床掃除から始まりました……床掃除からの仕事はキツイです。イカリングが爆発するだなんて、知らなんだ……。

▶ 2015年 03月 02日

私専用のお花

料理してるときの私専用のお花。癒やされる――。

ラナンキュラス。ちょっと高めのやつを買ってやったわ。

他の場所に飾るより確実に見るので、ここが一番いいかも♥朝からニンマリしてました。

▶ 2015年 05月 13日

キッチン掃除完了

サボり続けていたキッチン掃除完了。重曹水でがんばりました〜。

1カ月後友達夫婦が泊まりに来ることになり、今からあたふたしております。

シーツ買おうかな、バスタオル買い替えようか、コップが足りないなぁ、お皿も足りないかも……と、友達夫婦が来ることを良いことにお買い物を企み中。

2015年 05月 31日

花言葉は「寛容」

白いあじさいの花言葉は「寛容」だそうで。心が広く、よく人の言動を受け入れること。他の罪や欠点などをきびしく責めないこと。

二酸化炭素が抜けた飲み物を入れると花が長持ちするという情報（ブドウ糖がお花にはいいらしい）をうっすら記憶していた夫……。

お風呂上がりにプシュッと開けたサイダーを迷わず注いでおりました……。

私、寛容ではいられませんでした。

2015年 07月 12日

今日買ったお花

柏葉あじさい。もともとこういう感じの花なのか、すでに枯れている花を買ったのか、少々疑問ですけどかわいいので良しとする。

ビンはAJINOMOTOのごま油の空きビン。結構使えます。

2015年 07月 29日

掃除開始

何も予定のない貴重なお休みをうっかりぼんやり過ごしてしまうところだったので、もう18時半だけど掃除開始。とりあえず洗面脱衣所をきれいに（夜ごはん作りからの逃避）。

ささ和紙で作られたバスマットの感触が気持ちよすぎて「sasawashi」シリーズが着々と増えてます。オススメ。

2015年 08月 05日

掃除をしやすいように

マンション購入前は、見せる収納で、部屋のあちこちに夫の趣味のフィギュアや、私好みのインテリアなどでごちゃごちゃしていましたが、引越しを機に見せない収納・シンプルインテリアに変えました。

いつまでもキレイを保ちたいので、掃除をしやすいように！を一番に考えた結果です。

ダイニングと椅子は、一生使うと決めて買った、「北の住まいの設計社」のもの。

2015年 10月 09日

背面収納は無印良品のもの

今日はお弁当も夜ごはんも作らなくていいというステキな花金（久しぶりに「花金」使った）♪　いぇいいぇい♪

背面収納は無印良品の。うちはよくある作りのマンションなので、いずれちょっとしたリフォームをしたいな。キッチンの壁にタイルを貼ったりして雰囲気を変えたい。

2016年 01月 31日

歯医者さんの受付を真似して

最近通い始めた歯医者さんがとてもスタイリッシュでおしゃれ。受付にこのお花・オンシジウムが飾ってあったので、すぐさま真似る。うちにはちょっとボリューミーすぎたか……まあいいか。

2016年 02月20日

普通に水拭きが一番キレイ

雨だし、夫は休日出勤だし、暇なので床を磨いてみる。今までいろんな洗剤やケルヒャーなど試してみたけど、普通に水拭き（ニトリのファイバークロスと水だけ）が一番きれいになることがわかった……。

なんだか疲れたし、「ご飯なんか買って帰ろうか？」とステキな電話がないか期待中（あるわけない）。

2016年 02月 20日

布団乾燥機中

布団乾燥機中。乾燥中の匂いが好きすぎて癒やされる。

このもふもふの中に飛び込んで明日の朝まで眠りたい……。

09

naomiさん

naomi

スッキリ片付いた部屋で毎日幸せです。

Instagram user name「naomi703326」
https://www.instagram.com/naomi703326/

三重県在住。もうすぐ結婚10周年を迎える、男女の双子のママで専業主婦です。やりたいことは全部したい、でも1日24時間じゃとても足りないので、無駄を省いていかに家事を楽に、そして楽しくするか、大事なモノを大事にするために断捨離も頑張らず楽しみたいと思ってます。早寝早起きがずっと目標です。

ミニマル&シンプルな暮らしを楽しむ工夫

衣　気に入って着るものは限られているので必要最低限で。自分のテンションが下がるような服は着ません。自分で作れそうな服は買わずに作ります。

食　道具も食器もこだわって選びます。お気に入りの道具で作って、お気に入りの食器に盛り付けるとそれだけで楽しく幸せを感じます。

住　ゆっくり休みたいときほど、まず掃除。モノが少ないと掃除も楽。でも快適なソファや自分の気持ちを上げてくれるモノ（例えば、アロマディフューザーとか100均ではないファイルとか）は私には必要不可欠。なので私はミニマリストは目指していません。

家族構成

夫、年少4歳の男女の双子

理想とする暮らしについて

毎日小さなことでも幸せを感じられる暮らし。部屋がスッキリ片付いてること、好きなモノだけに囲まれていること。今、理想とする暮らしを送ってます。

2015年 07月 13日

断捨離関連本を読んでいます

最近、いろんな断捨離関連の本を読んでいます。『ぼくたちに、もうモノは必要ない。』（ワニブックス）を半分読みました。

「そうかなぁ…?」「私はそうは思わない」と思うことも出てくるけど、断捨離をもっと頑張れそう。旦那さんにも親にも読んでほしい。夜中ふと目が覚めて、あれも捨てようこれも捨てようと、朝が来るのが待ち遠しくなりました。いろんな本の自分が共感できる部分、参考にしたい部分を抜粋して、もっとスッキリ心地よく暮らしたい。子どもたちも幼稚園に行ったし、今から頑張ります!

2015年 09月 05日

収納に余白ができました

今日は早起きして、掃除して洗濯を何回もして、庭の草むしりに植木を切って……と頑張り過ぎて疲れたので、旦那さんに「あとは任せた」と、さっさと夕食を終えてまったり。夕食の後片付け、子どもたちとシャワー浴びて、寝かしつけ、頑張ってくれたまえ(笑)。

さてキッチンの背面、左端はPCスペースになってます。レシピを見るのも楽だし、隙間時間にちょこちょこネットサーフィンできるし便利です。上の収納にプリンターを入れてます。カメラや、薬箱もここに。幼稚園関連など大切なプリントは、扉内側に貼っています。断捨離して収納に余白ができてスッキリです。

2015年 10月 02日

無印さんにはお世話になってます

ダイニングの収納の下部分。無印さんにはかなりお世話になってます。ポリプロピレンの引き出しには、私用、文房具、エコバッグ、小さいバッグ。

縦型ファイルボックスには、家族が使うクーポンとか、とりあえず的なモノ。IKEAのボックスにはティッシュボックス。その次の段のファイルボックスには、ウェットティッシュ、便箋、封筒、カード、ラッピング関連。掃除機の充電器、荷造りひも、ガムテープ、毛玉取り機など。一番下が、掃除関連、とりあえずボックス、エプロンなど。左はお気に入りのプラスマイナスゼロのコードレス掃除機。レデッカー社の隙間ブラシ、上にコロコロ、除菌スプレー。どの箱もパンパンに詰め込まず余裕を持たせてます。

2015年 10月 26日

グラスが割れてショック

iittalaのカルティオが、背面収納の引き出しで割れてました。同じ引き出しに子ども用の食器なんかも入れてて、滑り止めシートは敷いてるけど、子どもたちがガンガン、バンっと閉めるので「キツく閉めないで」と言ってたけど、甘かった……。

ということで収納の見直しします。割れてもさほどショックでないグラスをよく使ってたけど、時々しか使わないこちらが割れてショック。割れてもショックでないグラス、食器を撤去して、お気に入りばかり残すように変えます。もっとガンガン使ってたら、こんなショックじゃなかっただろうし。でも、お祝いでもらったバカラのグラスじゃなくてまだ良かった。

2015年 10月 26日

おもちゃ収納見直し中

子どもたちのおもちゃの収納の見直しをしてます。無印良品でポリプロピレンの引き出しを買ってきました。前は奥行きいっぱいいっぱいの引き出しを3段重ねてましたが、奥行き半分ほどのものに。繰り返し読んでほしい本、引き出しの奥に入り込んでしまって存在を忘れがちなモノがきちんと目に付くように。

子どもたち自身に、おもちゃの移動をしてもらいました。ふたりでいろいろ工夫して、上手に入れ替えてくれました。遊ぶおもちゃの種類も変わってきたので、収納もそれに合うように見直すことって大切ですね。上の段はまだまだ模索中。

2015年 10月29日

明日は楽しい「収納の会」♪

明日は恒例の「収納の会」。今回は我が家で。収納の会とは、月1程度、3組の母子で集まって、子どもたちに『ママたちしゃべりすぎ！』『笑いすぎ！』と突っ込まれながらおしゃべりする会。収納の見せ合いしたり、質問し合ったり、刺激受けたり、やる気もらったり、毎回11時から18時前まで、話し続けても、時間が全然足りないねと言い合う会です（笑）。

楽しいですよ～。収納の話は2割程度ですが……。人のお家の収納を見せてもらうと、いろいろ参考になります。

2016年 02月 01日

使っているモノ以外は収納する

たった今使っているモノ以外は収納の中に戻すだけで、すっきり気持ちいい！

掃除好きの両親の影響で、小さい頃から掃除は好きでした。すっきり片付けてから寝るとLDKに入るだけで、毎朝、すっきり～、幸せ～と思います。

独身の頃は、お金がたまったら、語学留学やワーキングホリデーで長期海外に行くことを繰り返してました。「平凡はつまらない」と思って日々刺激や変化を求めていました。それはそれでたくさんのことを学べたし満足してます。でも結婚してからは平凡な毎日がとても幸せで、特に子どもたちが産まれてからは、毎日何かしら「幸せだなぁ～」と思うことが増えて、幸せって何気ない毎日にあるんだなぁと実感しています。

2016年 02月 06日

ダイニングの収納

お気に入りのダイニングの収納。ファイルの色分けで、子どもたち関連、私のモノ、家族のモノと分けてます。

文房具は無印の引き出しに、ティッシュは使うとき以外はIKEAのボックスに。プラスマイナスゼロの掃除機はさっと取り出しやすいので、毎日何度も使います。

左側に棚板を増やせばもっと入るだろうけど、あえて増やしません。

この収納は1日でも一番よく開ける収納なので、スッキリさせたくて。ボックスを使うようになって、スッキリしました。

2016年 02月 22日

お手伝い作戦

夕方のケンカ防止、知らぬ間に寝てしまう防止に、お手伝い作戦。本気で助かる今日この頃。

まだまだお手伝いしてもらえるものは少ないけど、新しいことをするとすごくうれしそう。

「小さなお子さんがふたりもいるのに、おうちがキレイですね」とInstagramでコメントをいただくことが多いですが、小さな子どもこそいろんな吸収が早くて、収納場所をすぐに覚えてくれるし、片付け上手かもしれません。習慣もすぐに身に着けてくれるので今のうちにいろんなことを習慣化したいと思っています。

2016年 02月24日

やる気スイッチが入りました

今日はやる気スイッチが入り、家中の掃除を終えたあと、キッチンの徹底掃除をしようと、冷蔵庫の中身を全て出して、拭き拭き。収納も全て出して、棚やボックスを洗ったり、拭いたり。

背面収納の見直しもしました。より取りやすい場所に、よく使うモノを。私の身長は約162cmなので、一番上の棚以外はスツールなしで取れます。目指している7割収納に近づいてきました。右から2番目の棚にある無印良品のファイルボックスも半分以上空です。

私はミニマリストになりたいとは思ってません。必要か必要じゃないかではなく、本当に欲しいか欲しくないかで買い物します。でも、管理する時間や場所がもったいないし、これからもしっかり厳選したいなぁと思います。

2016年 02月 08日

寝室の配置換え

今日は寝室の家具の配置換えしました。将来子ども部屋になる部屋2部屋を仕切らず使って、左右に、クイーンベッド、シングルベッド×2に分けてましたが、3つのベッドをつなげてみました。

窓際にも60cmくらいの通路を残して、狭いほうの壁側もサイドチェストを置いて壁にはくっつけていません。夫婦で子どもたちを挟んで寝たら良いかなと。これで掃除しやすくなるかな。使い勝手が悪かったら戻せばいいし。配置換えって気分が変わるから早く寝てみたい！

10

le mondさん

le mond

居心地のいい家にするため小まめにお掃除。

「白いお家のブログ」
http://ameblo.jp/rue-scribe/

関西在住。IT系エンジニアのち、シンクタンクのアシスタント。昨年、好きな白を中心とした「シンプルでモダン」なお家を建てました。趣味はダンスで定期的にイベントで踊っています。好きな家事は掃除と洗濯で、毎日のお掃除・定期的なお掃除は私にとって苦ではなく、達成感があり、カタルシスを感じるものです。

ミニマル&シンプルな暮らしを楽しむ工夫

衣 インテリアはモノトーンが好きなのですが、衣服は昔から赤や緑、オレンジなどのハッキリしたカラーのものが好きでよく着ています。

食 手作りを心がけています。お弁当のために作り置きのおかずを作っていますが、お気に入りの白い保存容器に入れるとそれだけで楽しい気分になります。

住 居心地のいい空間を作れるよう、日頃から小まめに掃除をしています。また、ドラッグストアなどで洗剤コーナーを見るのが学生の頃から無性に好きです。掃除には終わりがないのでさまざまに探究・追求していきたいです。

家族構成
本人、夫のふたり暮らし

理想とする暮らしについて
もっとシンプルでスッキリした空間にしたいと思っています。物が多いので（特に服）、衣替えが必要ないくらいの量にしたいです。

2015年 07月 30日

洗面所のリネン庫内の収納

我が家の洗面台の後ろにリネン庫があります。

一番下には洗濯かご。洗濯物が終わったら白の円形かごに入れてベランダに運びます。隣の白と青のかごには、手洗いする物や分けて洗うものなど入れておきます。

（この写真に写っていませんが）最上段には洗剤のストック類。2段目：タオルのストックやぞうきん、お掃除グッズ、ヘアアイロンなどをケースに入れて収納。3段目：無印良品のPPケースにマイクロファイバーぞうきんのストックや出がけに忘れたとき用のハンカチを収納。4段目：普段使う洗剤類やお掃除用洗剤など。2段目のこまごましたものは、白いケースに入れたことでスッキリしたと思います。

2015年 07月 31日

洗濯用洗剤を白い容器に詰め替え

リネン庫に収納している洗剤たち。引っ越し当初はそのままの容器を使っていたので色がバラバラ、ごちゃごちゃでした。おしゃれな詰め替えボトルを探しまくりまして……。

おしゃれ着洗剤はカインズホームで買った容器に詰め替え。衣類用漂白剤は、モノトーン雑貨通販の「mon・o・tone」で購入した詰め替え容器に。

裏面には使い方がわかるよう、メーカーサイトを参照して自作のラベルを貼っています。おしゃれな「マーチソンヒューム」のボーイズバスルームクリーナーはそのまま洗面所の掃除に。

そして粉末洗剤の詰め替えは無印のメイクボックスに。ふたが自立するので、理想的でした！

2015年 08月 21日

月に1回は換気扇のお掃除

お掃除の面で心がけていることのひとつは、換気扇の掃除を月に1回は必ずする！です。

まず、整流板を外して、コストコの「ハウスホールドワイプ（住居用ウェットクリーナーシート）」で拭きます。界面活性剤が入っているので、そのあとは冷蔵庫内などを拭いても大丈夫なシートでさらに拭き上げます。次にオイルパック（黒い輪っか）とファンを取り外して洗います。洗い終わるとピカピカに。軽く拭いて乾燥させます。

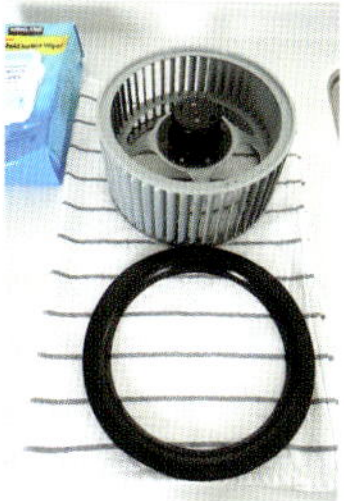

取り外した換気扇の内部も拭き、ついでに換気扇全体と、周りの壁も拭きます。

このタイミングで冷蔵庫の上や食器棚の上もついでに掃除します！ 以前のお家はほったらかしにして大変なことになっていたので、その反省を踏まえてするようにしています。

2015年 09月 03日

キッチンのパントリー☆

我が家のキッチンにあるパントリーです！　パントリーは新居では、絶対欲しかったものので、作ってもらいました！　大きさは、横90㎝、奥行45㎝です（多分）。高さは天井くらいまであります。なかなかこれといった収納が決まらず試行錯誤しています。

一番上の棚は普段使わないお客様用のティーセットや大きなお皿などを収納。各棚はIKEAのVARIERAと100均で購入したケース等を使用しています。さらにキッチンクロスを掛けてほこりよけ。一番上の棚は、レシピやパスタなど背の高いものを入れていますが、空きスペースが何だかもったいなくて、重ねられるものを探し中です。今回、あらためて中身を検分してみると、結構無駄な使い方をしているのでもう少し改善の余地がありそうです。

2015年 10月 24日

シンプルさと白さに惹かれて

いつだったかの楽天お買い物マラソンで、名作収納アイテム・カルテルの「コンポニビリ」のリプロダクト品を買ったのですが、それがようやく届きました！　前から気になってたんですが、白はちょいちょい在庫なし状態でなかなか買えなかったんです。私は3段タイプを買いました！

つやつやした白いフォルムがいい感じ。外寸の大きさは直径32・5㎝、高さ58・5㎝（と記載されていました）。ベッドサイドテーブルとしてしばらく使って様子を見てみます♪

2015年 10月28日

毎日のお掃除の心がけ～キッチンシンク編～

普段の夕食のあとは、食洗機をかけたら、シンクのお掃除をします。

まずシンク用のスポンジでシンク内をお掃除。その日の汚れを落とします。同時に、ゴミカゴ、排水カップ、フィン、排水口も一緒に洗います。

そして、泡を流したあと。

一番重要な拭き取り作業！ 水栓金具からシンク全体をキレイに拭き上げます。拭き取りの仕上げに使っているのはマイクロファイバーふきんです。

体調がよほど悪いとき以外は、毎日この作業をしてから寝ます。一度習慣になると、毎日のお掃除も苦痛じゃないですね。

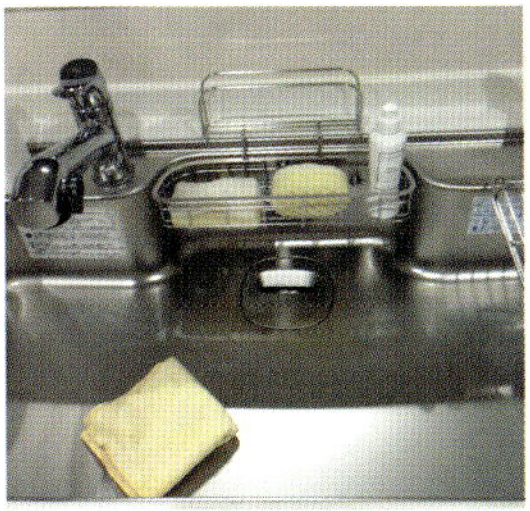

2015年 11月 12日

毎日のお掃除の心がけ～お風呂編～

私が毎日していること。お風呂から出るときに、スポンジで洗面器、イス、壁、浴槽、鏡、水栓金具、収納棚等を洗います。シャンプー類も持ち上げて全部洗います。床はブラシで全面ゴシゴシします。基本的に洗剤なしで。洗剤を付けるのは週に1回程度。

洗い終わったら、いったんお風呂から出ます。今度は寝る前にスクイージー（IKEAで購入）で、水滴を落とし、仕上げにマイクロファイバーで拭き取っています。ここまでが、とりあえず日課！！ スポンジでゴシゴシはずっと日課にしているの全然苦痛じゃないのですが、拭き取り作業は遅く帰宅した日や疲れているときは、正直しんどいし面倒くさいですが……。カビを発生させないためには、頑張ってこの手順で続けます！

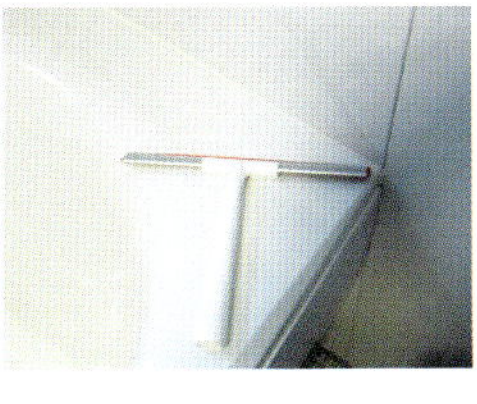

▶ 2015年 11月 15日

殺風景なリビングにアクセント☆

我が家のリビングはソファ、サイドテーブル以外は何も飾り物がなく、殺風景……1。

何かアクセントになるものを置きたいなぁ、と思っていまして、先日IKEAにて植物みたいなものを買ってきました。TORKAという白い木の枝みたいなの5本のセットと、同じくTORKAというドライブーケの黒10本セットです。これを同じくIKEAで買った花器に入れまして、ソファの横に置きました。ちょっとはアクセントになったかな2。

2

年がら年中出しっ放しでも大丈夫そうなので、なるべく楽したい私にはぴったりかな。

1

▶ 2015年 12月 02日

洗濯機周りの配線をスッキリ

少し前に購入した、Panasonicのドラム型洗濯乾燥機、「Cuble（キューブル）」キュービックフォルムが美しいです♥

気になっていた配線のごちゃごちゃを少し改善しました！ コードやアースが邪魔でしたが1、配線カバーを購入し、アースとコードをカバーの中に入れて、壁にぴったり付けました。コードが浮いてしまう部分は白いマスキングテープで隠しました2。

コンセント部分も白いコンセントカバーを付けて隠したいと思っています。

まだ給水ホースは上にぶら下がったままなのですが……こちらは考え中。植物（フェイクグリーンなど）を置いて隠すのもいいかなって思っています。

2

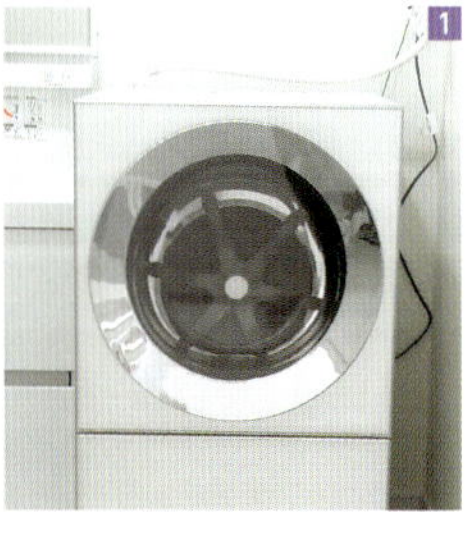

1

▶ 2016年 01月07日

いつもキレイな洗面所に！週1回のお掃除

洗面台はいつでも気になったときに、コストコの「ハウスホールドワイプ」でササッと拭いてキレイにしているのですが、その簡単お掃除に加えて、週に1回、キチンと掃除をしています。このときは、スポンジと洗剤を用意して洗面台からボウルの中まできれいにします。排水口の中も洗います。

このときの洗剤は「マーチソンヒューム」の「ボーイズバスルームクリーナー」。ボトルがかわいく、かんきつ系の香りもいいです。この洗剤とスポンジで洗面台の全て、水栓金具~台の上、ボウル、排水口の中~などをキュッキュッと洗います。さらに排水口の中と排水栓に、キッチン用のブリーチをシュッシュッと吹き付けます。スッキリキレイで気持ちいい！

▶ 2016年 01月 17日

お掃除に大活躍！3つのアルコール除菌スプレー

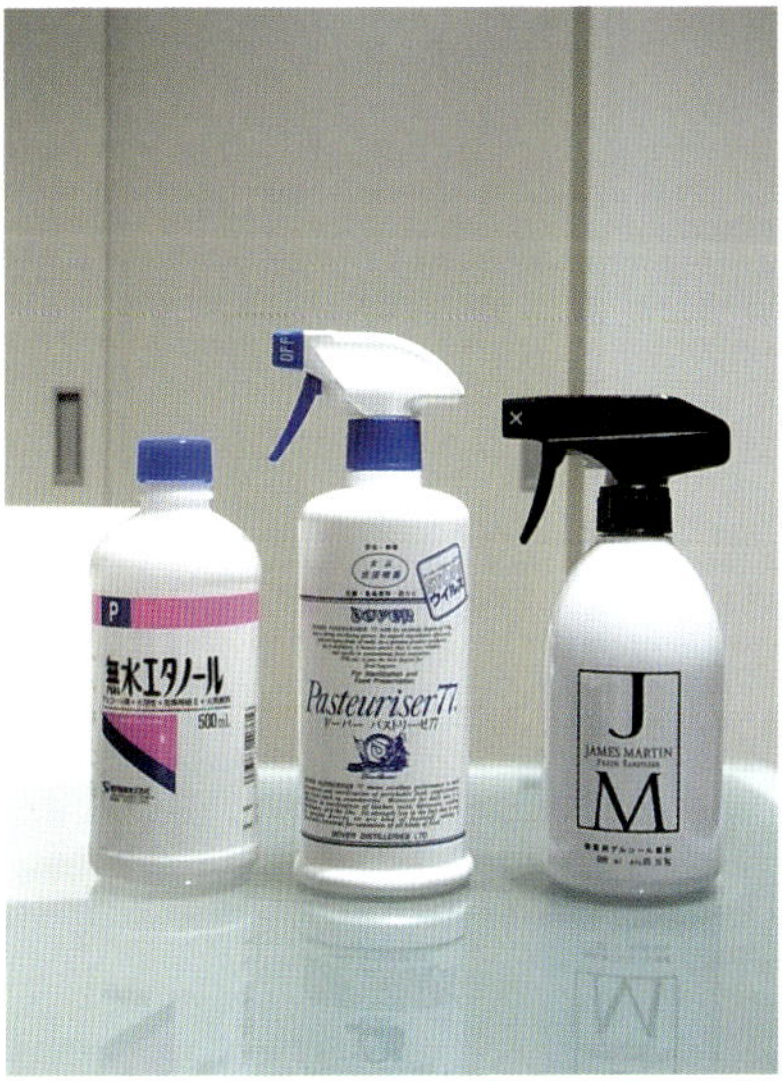

我が家には3つのアルコールスプレーがあります。

「無水エタノール」はスプレーボトルに詰め替えて使っています。以前、革製品の汚れがこれで拭き取ると見事に落ちたのがきっかけで、お掃除用スプレーとして使用しています。照明のカサや鏡の拭き上げ、洗濯機内の部品にカビ防止として……。

「ドーバー パストリーゼ」は、フローリングの汚れ落とし用に使っています（材質によっては床が変色したりするそうなので、お気を付けください）。他に鏡を磨いたりベランダ掃除などに。

「ジェームズマーティン フレッシュサニタイザー」はキッチンに置いています。まな板や容器、ワークトップの除菌用として日常的に使用しています。

私はドラッグストアの洗剤コーナーも大好き。全てを買うわけにはいかないけど、いろいろと探究・追求していきたいです。

II

SAYAさん

saya

家族みんなが暮らしを楽しめるように。

Instagram user name「SAYA」
https://www.instagram.com/SAYA.S.A/

神奈川県在住、30代、パート主婦。3歳の息子と夫と3人暮らし。家族が心地よく過ごせる、収納やインテリアを目指しています。収納は、使いやすく片付けやすく、シンプルに。

ミニマル&シンプルな暮らしを楽しむ工夫

衣食　子どもが生まれてから、インテリアも収納も家事もファッションも、全て子どもに合わせています。4月から息子が幼稚園に通いお弁当作りが始まるので、お弁当に使える常備菜作りや、レパートリーを増やしたいです。

住　住に関するものを購入する場合は、収納場所や置き場所、使い道をちゃんと考えてから購入しています。／1日の終わりに部屋をリセットすることを心掛けていて、習慣になっています。朝起きたとき、気持ちよく1日をスタートさせることができます。

家族構成
夫、息子（3歳）、私

理想とする暮らしについて
暮らしを何でも楽しめること。

2015年 07月 16日

引き出しは仕切りが大活躍

シンク下の引き出しです。キッチンタオルやふきん、息子の食事エプロン等々、こまごまとしたものをいろいろ収納しています。

無印良品の収納用仕切りケースがピッタリサイズで大活躍（右側のキッチンタオルやペーパーナプキン類を入れてるケースです）。不織布なので、中に入れてる物によって膨らんだりしてますが、ゆる〜く、でもちゃんと仕切ってくれます。フリーザーバッグはIKEAの物を愛用。箱のままで十分取りやすいので、そのまま入れてます。

仕切りケースを使ってないときは、キッチンタオルがゴチャゴチャしたりしてましたが、仕切りのおかげで荒れにくくなりました。

2015年 08月 04日

ミニハンドタオルを活用中

我が家の定番、無印の耳かき付き綿棒の補充完了。ついでに現在の洗面台横のオープン棚。

タオルは100円ショップのSeria（セリア）のミニハンドタオルを置いていて、使ったものは隣のミニバケツにポイッと。朝の洗顔もこのミニタオルです。小さいけど意外とこのサイズでも大丈夫。普通のフェイスタオルより乾きやすいし、しかも100均のだから気楽に使えて、ぞうきんにするときもちょうどいいサイズ♪

2015年 08月 08日

洗濯物はその場でハンガーに

朝から洗濯、洗濯、洗濯。洗濯機から洗い終わったものを出したら、その場で洗濯ハンガーに付けて、ハンガーをかかえて2階のベランダへ。洗濯ハンガーはニトリのものです。

2015年 10月 24日

保存容器は野田琺瑯

保存容器は野田琺瑯（ほうろう）を愛用。結婚をするときにいろいろなサイズや形を揃え、6年目。

傷もあり使い込んだ感じも出てきているけど、冷凍、冷蔵、直火、IH、オーブンなどに使えて、匂いや色移りもせず。何より毎日使っていて、毎日見ていても飽きません。ただひとつ、レンジだけは使えません。

なので、レンジで温めたいものを保存するときは、イッタラ・ティーマのボウル15㎝を使うことが多いです。ティーマのこのサイズのボウル、何かと大活躍です。

2015年 11月 01日

新入りのヘアブラシ

最近新入りした「くし」。以前は無印良品のくしを使っていましたが、落としたりして木の部分が欠けてしまっていたので買い替え。今回はMARKS&WEB（マークスアンドウェブ）のものにしてみました。ハンド&ボディクリームや、ポーチにしのばせているくしも、このショップのものを愛用しています。ナチュラルな雰囲気で気に入ってます。

ちなみに、くしの定位置はここ。くしを入れているカップは、無印良品のものです。

▶ 2015年 12月 05日

無印良品の丸型保存容器

無印良品週間で購入したのは、丸型保存容器4つ。砂糖、塩、小麦粉、片栗粉用にしました。

それまで使っていたのは結婚当時に購入した同じく無印の角型。こちらは、スタッキングしてお茶類やだしパック入れにしました。丸型と角型、購入した時期も形も違うけど、同じ無印良品なので統一感が出ました。

▶ 2015年 12月 20日

今日は寝室の大掃除

窓拭きやサッシ、ベッドも動かして普段掃除しない場所を頑張りました。今日は気持ちよく寝られそう！

ベッドは無印良品の脚付マットレス。左からスモール×2、シングル×1を並べて家族3人で寝ています。スモール×2で、ダブルより広いクイーンサイズになります。ちなみに寝室は7畳です。

2015年 12月 20日

とりあえずの置き場は便利

昨日は夫に息子を預け、職場の忘年会へ。ほろ酔いで帰宅して、久々に着けたアクセサリーを外してシャワーを浴び就寝。目覚まし時計をかけずに起きる休日は幸せです。

朝起きて、昨夜外した洗面台に置かれたお気に入りのアクセサリーを見て、かわいいなぁって癒やされたのでパシャリ。

普段はめったにアクセサリーを着けないのですが、お風呂に入る前に外したくなるので、この場所にとりあえずの置き場があると便利ですね。

2015年 12月 23日

セスキで階段の大掃除

セスキ炭酸ソーダ水スプレーを片手に、階段を掃除しました。隅や溝のホコリや、足裏の皮脂汚れなど意外と汚れている場所。スッキリしました！

これは少し前にニトリで購入した激落ちくんのアルカリ電解水セスキ配合スプレー。ラベルをはがすとてもシンプルになります。中身は、今はもう手作りセスキ炭酸ソーダ水が入ってます。

1日の終わりにコンロ周りや床をシュッシュッとして拭き上げてます！　シンプルな成分で安心して使えます。

▶ 2016年 02月 02日

ボックスには自分がわかるステッカー

ウォークインクローゼット。ボックスに、中身を書いたウォールステッカーを貼ってみたら、とてもわかりやすくなりました。このボックスの中にはシーズンオフ（季節外）の服などを収納しています。シーズンの服は、ハンガーに掛けて収納。部屋着や下着、靴下は、脱衣室に収納しています。

denimボックスは、通年履くデニムなどのパンツを収納。goodsボックスは、ベルト、ストールなど収納してます。自分だけになんとなくわかる適当な表記です。

ボックス、ウォールステッカーともに、イトーヨーカドーの小脇美里さん（@misatokowaki）セレクトアイテムを使用してます。

▶ 2016年 02月 15日

ラベル作りは「ピータッチ」を愛用

ラベル作りは、ピータッチを愛用しています。新しいモデルが出たようで、私が持っているのは旧型のようです。整理整頓の見出しに使ったり、

アイロンで布生地に付けられるファブリックテープもあったりして、何かと重宝しています。

12

Na～さん

Na

忙しい毎日でもスッキリストレスなく!

➡「WITH LATTICE」
http://nlattice.exblog.jp/

福岡県在住 30代ワーキングマザーです。忙しい毎日だからこそ、ストレスなくすっきり暮らせるようなおうち作りを目指しています。時短につながる収納アイデア、簡単だけどおしゃれに見えるおうちごはん等々。手作りのアイテムも取り入れながら、家族みんなが「住みやすいおうち」になるように、日々模索しています。

▶ ミニマル&シンプルな暮らしを楽しむ工夫

衣 ミニマリストではないので、それなりの量を持っていますが、「迎え入れるモノがあれば、その分、何かを処分しなければならない」という法則を軸に大切に扱っています。

食 手抜きになりがちな日々のごはん。簡単な料理でも、華やかに見えるよう盛り付けには気を配るようにしています。常備菜作りを週末のルーティンワークにできるよう、頑張りたいと思います。

住 1日に1回は、暮らしのリセットをします。朝のプチリセットも、スッキリな暮らしを継続するために、なくてはならないものです。

家族構成

夫30代、長男8歳、次男6歳の4人家族

理想とする暮らしについて

シンプルな暮らしで、家族と過ごす時間を心豊かなものにしたい。スッキリを保ちつつ、それが家族みんなにとってストレスにならないような暮らし。

▶ 2015年 11月 06日

プラダンでゴミ箱プチストレス問題を解決!

ドラム式洗濯乾燥機のフィルター掃除用のゴミ箱を今回100均にて購入しました。これにビニールをかぶせたいのですが、普通にやってしまうと、残念な感じになりますよね。ビニールが外側にピローンって。これを改善してくれるのがプラダン(プラスチック製の段ボール)です。

このアイデア、実は大好きなブロガー・おまめさん(「ひなたぼっこ」http://omame029.blog.fc2.com/)が実践されていたものを真似っこさせていただいたものです。

プラダンをゴミ箱のサイズに合わせてカット。それをクルクル～と丸めてゴミ箱に投入。そこにビニール袋をかけるというアイデア！ものの数分でプチストレス解消です!

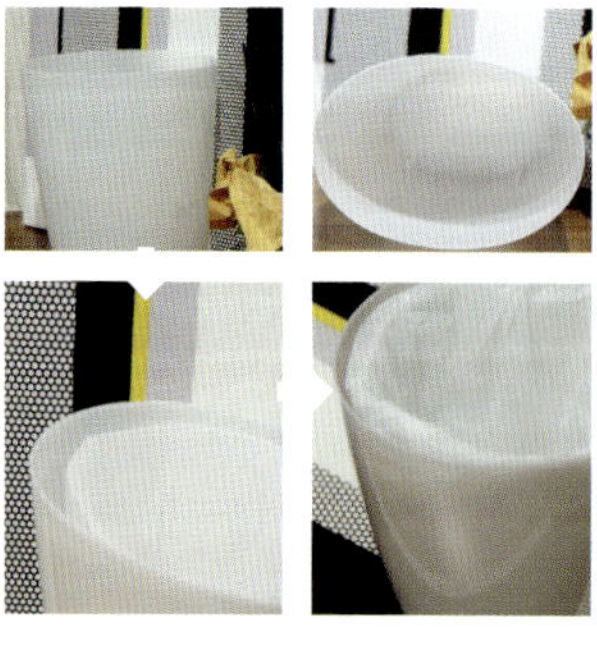

▶ 2015年 07月 09日

プラダンで目隠ししてスッキリ！

ずっと気になっていた場所。私が一番長い時間過ごすので、ここにモノが集中してしまうのです1。奥にはコンセントもあり、ふさいでしまうと便利が悪くて。なんとかスッキリ見せられないかな～ともんもんとしていたのですが、プラダンで目隠しを作ることを思いつきました！

　スペースに合わせてプラダンを切り取り、そして、コンセント部分をぬき取ります。切れ目を入れてパキッと折ります。そしてクロスを掛けて、ダブルクリップで固定2。強度のために両脇にプラダンで脚を取り付けました3。10分くらいの作業で、見た目をスッキリさせることに成功しました4。

1

2

3

4

▶ 2015年 11月 25日

憧れアイテムで洗面室ホワイト化

ついに、憧れのアイテムを購入しました。いつかはこれで揃えたいと思って早2年。モノトーン雑貨通販「mono・tone」の洗濯洗剤用詰め替えボトルです。ラベルも一緒に購入しました。今までは洗濯機上の収納内に、鮮やかなパッケージの洗濯用洗剤を隠していましたが。これからは、ここが定位置になります。無印良品の壁に付けられる家具とも相性バッチリ！

　これを機に、洗濯機の上部収納も見直しました。白を基調にした収納ボックスを追加し、色の氾濫を抑えることに成功しました。

2015年 12月 12日

キッチンから思い切ってなくしたもの

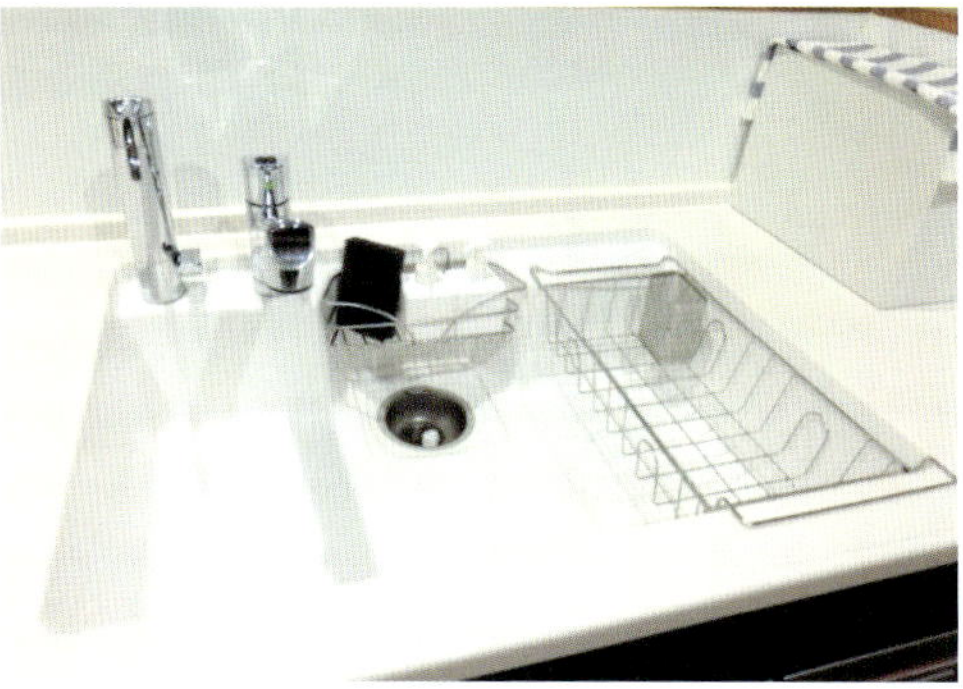

今年試してみたこと。キッチンから排水口カバーを外し、アルミホイルを丸めて、カゴに入れておく。ということ。これでシンク掃除が劇的に楽になりました。

以前は排水口カバーに細かいゴミが挟まるので、その都度カバーを外して水で流し、カバーを取り付けていました。カゴはカバーがあるのをいいことに掃除もさぼりがち。気付いたときにはヌメヌメ～で、掃除も気合が必要だったんです。しかしアルミホイルにここまでの威力があるとは……排水口もカゴもヌメリ知らずです！　お風呂の排水溝カゴにも、アルミボールを投入していますが、こちらも同様。想像をはるかに超える効果があり、家事時間の大幅短縮につながりました。

2015年 12月 15日

洗面室のごちゃごちゃを一発で解消！

スッキリを保ちたい洗面室ですが、洗濯機周りの蛇口やコンセント等のごちゃごちゃが気になっていたのです1。

ここを突っ張り棒とファブリックで隠してしまおう作戦。セールで購入したartek（アルテック）の生地「H55」を、洗濯機上部のスペースに合わせてカット。ミシンでダーーッと縫って、突っ張り棒が入る程度の輪っかを作りました。ここに突っ張り棒を通し、洗濯機上部に固定して完了です2。カーテンリングを付けるよりもスッキリな見た目になりました。これで蛇口やコンセントがすっぽりと隠れ、こまごましたものがなかったことに。この眺め、私的には大満足な仕上がりとなりました。

100均のかわいいシンプル容器

久しぶりにゆっくりと100均のダイソーをウロウロすることができた日。

「むむむ?」と喜び唸る商品を見つけてしまいました。

透明&ホワイトのシンプル容器です。大きさも2種類ありましたが、私は大(1・5ℓ)ひとつ、小(800㎖)3つを購入。

小3つに入れようと思ったのは……これも100均で購入していた三種の神器。セスキ、クエン酸、重曹です。

大きい容器には、100均でいつも購入しているメラミンスポンジ。

運よくきっちり全てがピッタリ入りました。とにかく、シンプルでかわいい。ここ最近の100均は本当にオシャレですね。

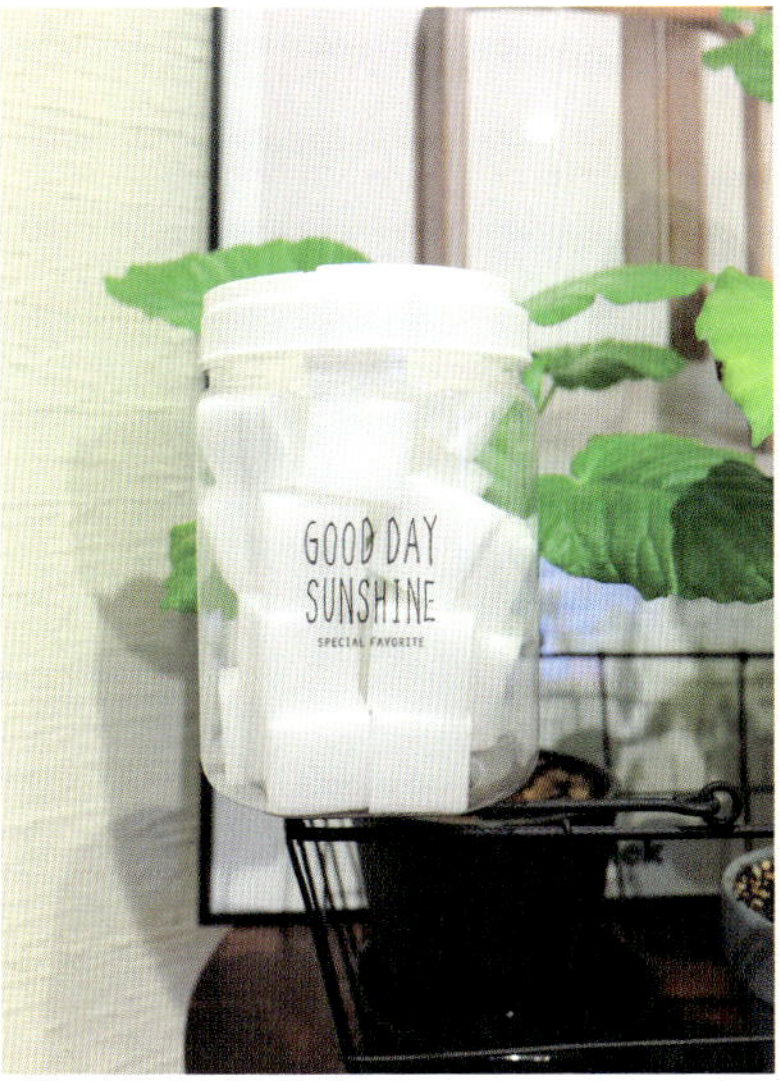

やっと見つけたファイルで取説収納チェンジ!

今日は取扱説明書の収納を改善しました。無印ファイルボックスの中に収めるファイルをずっと探していたのですが、なかなか「これ!」というものに出合えず。いろいろと探した結果、やっと出合えたファイルが「ライオン事務器」の「PPポケットホルダーA4ホワイト」! ラベリングをして、大まかに3種類(設備:浴室・キッチン・トイレ等/大型家電:エアコン・洗濯機・冷蔵庫・パソコン(金額が大きいもの)等/その他:小型家電(マキタ掃除機・炊飯器等)・備品)に振り分け、無印ファイルボックスに収めました。

これで「ちょっと気になるけど、取説探すのがめんどくさい」現象がなくなりました!

▶ 2016年 02月 11日

散らからない法則 ～朝と夜のルーティンワーク～

どんなに酔っぱらっていても、どんなに朝がバタバタでも。めんどくさがりな私が、欠かさずしているルーティンワーク。

まず「朝時間」は……①食器を洗う／手洗いした食器を水切りカゴに伏せてから出勤。②洗面ボウル・カウンター・鏡を使用後のタオルで拭く ③ソファ周りを整える。余裕があればマキタで掃除機がけ。

そして「就寝前」には1日のオールリセット……①ソファ周りを整え、②目立つほこりがあればマキタ掃除機をかけ、クッションを元に戻す。③洗面室も朝と同様に、使用後のタオルで拭き上げる。

とにかくその日1日の憂鬱（ゆううつ）を、翌日に残さない！ どちらも10分そこそこでできることです。おかげで、急なお客様にもバタバタすることもなくなりましたし、土日がたまった家事やお掃除でつぶれてしまう……ということもなくなりました。

▶ 2016年 02月 12日

玄関収納にホワイトな新入り

アイリスオーヤマの「ＩＲＩＳ ウッドトップチェストウッドトップチェスト」。引き出しは開閉がスムーズな金属レールが使用されていて、とっても軽い引き心地！ 玄関のシュークローゼットにある、こまごましたアイテム用に。そして、引き出しの仕切りに使ったのは１００均のボックスです。ピッタリ合うボックスがなかったので、引き出したときに滑らないよう滑り止めマットも敷きました。

上段：カーメンテ用のクリーナー・庭木の殺虫剤等のスプレー缶各種。空いたスペースには、ボールの空気入れを。

下段：ガーデニング用品（手袋・枝切ばさみ・枯れ葉用のゴミ袋）、シュークリーニング用品・ぞうきん・カイロ

そして、最後にラベリングを施しどこに何があるのか家族全員がわかる仕組みを確立しました。

2016年 02月 12日

新入りのボックスはこの位置に

我が家は、一般家庭と比べると、趣味や庭の手入れ用のアイテムが多くて。モノの量と、色の氾濫に悩まされてきました。扉付きのシュークロとはいえ、仲の良い友人が来たときは、開けっ放しなので子どものボール、傘、掃除用具、釣竿等は死角に隠しています。

これで完璧ではないシュークロ収納。子どもの靴もどんどん大きくなり、場所を取ってくるので、私の靴の断捨離もそろそろ必要になってきました。

2016年 02月 21日

少ない持ち物で変化を楽しむ

ふと立ち寄った農産物直売所でこんな枝を見つけました。ミツマタという低木の枝です。恥ずかしながら、レジの方に「すみませんこの枝は何の木ですか?」と聞いて初めて知りました。枝が3つに分岐する特徴から、この名が付いたそうです。

枝ものには、やっぱり「Holmegaard」の「Floraベース」。センスがない私がバサッと入れただけでもそれなりに見えるのが助かります! リビングインテリアは、そうそう変えることもないので、お気に入りのフラワーベースを使ったりして、季節のお花や枝もので楽しみたいと思います。

13

nozoさん

nozo

「習慣付け」で掃除をラクに、気持ちよく。

Instagram user name「nozo」
https://www.instagram.com/NOZ_IE/

北海道在住、30代、学校講師。結婚してすぐに家を建て、今年で丸10年。ちょっと古くなってきた今のおうちをもっと好きになれるようにと生活改善を始めました。もともと料理以外の家事は苦手だったので、それを克服すべく「習慣」を味方に付けて暮らしを整える核にしています。子どもがいるからこそ楽しめるかわいらしいインテリアと、子どもがいてもスッキリなおうちを目指しています。

▶ミニマル&シンプルな暮らしを楽しむ工夫

衣　洋服は大好きなので、たくさん持っていてもいいのではないかと今のところ思っています。ただ、お手入れが行き届く量にするため、定期的にリサイクルショップやフリマアプリを利用して手放すようにしています。

食　体に良い食材を選ぶようにしていますが、家族が楽しんで食事できることが一番だと考えているので、「こうあるべき」というこだわりは持ちすぎない。

住　今は「自分がおうちを整えることが家族の健康を守る」と思うようになり、掃除を大切にしています。

家族構成

夫と3歳の娘の3人暮らし。夏には家族がもうひとり増える予定

理想とする暮らしについて

こだわって選んだ物に囲まれ、家族全員が安全に気持ちよく過ごせる家。健康な生活。

▶ 2015年 06月 09日

朝のスイッチ

朝のスイッチ。人それぞれあると思うけど、私の朝のスイッチはキッチンのお片付け。

朝起きて一番に食洗機に入った食器や、キッチントップの上で乾かしていた鍋類を片付けているうちになんだかやる気が出てくる感じで。

片付けると目に入るごちゃごちゃがなくなり、みるみる視界が開けていってテンションが上がるのだと思います。私は家の中でキッチンが一番好きな場所。ついついここばかりきれいにしたくなってしまいます。

今日もお天気悪いけど、スイッチ入ったので頑張るぞ！

▶ 2015年 08月 11日

お掃除は「習慣化」でラクになる

お盆の墓参りから帰宅しました。3日間で積もったほこりを荷ほどきのかたわらクイックルワイパーで拭き拭き。

我が家のお掃除のお供1。掃除機はダイソンのハンディタイプ一本。

白のワイパーは1階用。1階は水拭きもするから、ぞうきんがつけられるタイプ。カインズホームで買いました。

「tidy（ティディ）」のフロアワイプは2階用。階段上がってすぐのところに待機させて、出先から帰った直後など2階に上がるついでにたまっているほこりをやっつけます。

「朝一モップがけ」と「外出から帰って2階に上がったついでにモップがけ」は、習慣化しています。毎日やっているから汚れないし、労力をかけず家がきれいに保てます2。

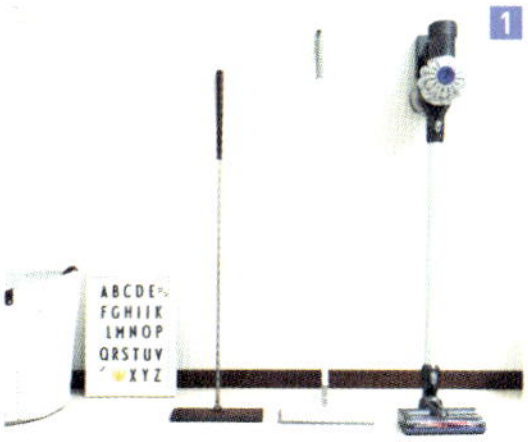

1

2

▶ 2015年 09月 19日

オキシクリーンでの洗濯槽掃除

いろいろな方の方法を参考にしながら「オキシクリーン」で洗濯槽掃除。

我が家は縦型洗濯機・68リットルです。私は写真のようなアメリカ製のオキシクリーンを使用し、付属のスプーン（5オンス=計量カップ7分目強）3～5杯、使っています。

①40～50度のお湯を、洗濯槽3分の1くらいまで入れ、オキシ投入。古菜箸で30秒ほど混ぜて溶かします。ここで泡立ってきます。

④最高水位までお湯を入れ、普通洗濯モードで数分かくはん。泡がもわっもわに。洗濯機を止め3～5時間つけ置き。⑤つけ置き後、普通洗濯モードで洗い～脱水までひと通り。汚れのカスが底に残っていたら拭き取り。ごみ取りネットにもたくさんゴミがつくのでここもキレイにして終了！

オキシ掃除の中でも一番気に入っています。今後は気軽に1カ月1回目指して続けていきたいです。

2015年 10月 06日

「即お片付け」と「待つお片付け」。

大人のお片付けは「即」がカギ。いったん置いたら、片付けに時間がかかってしまうから、すぐ居場所に戻すことが重要。合言葉は「空中戦で勝負する」。

一方、子どものお片付けは待ってあげることが大切かなと。じわじわとおもちゃ収納リニューアル効果が出てきて、時間はかかるけど、ちゃんと自分で最後までお片付けするようになってきた娘。私はニコニコ応援しながら待つ！ちょっと手を貸したら不機嫌そうに「自分がやるの！」と言うくらいに。そんな姿がうれしい。

待ってあげられる心と時間の余裕を作ることが、最近の親としてのお仕事です。私もまだまだ待ってあげられないときもあるからこそ、自分への戒めとして書いてます。子育ては自分への挑戦の連続ですね。

2015年 10月 09日

お風呂掃除道具とお魚への回帰

カゴには掃除用歯ブラシ。無印良品のスプレーボトルにセスキ水。「Satto」の水切りワイパー。そして、おさかなスポンジ。というお掃除道具。

気に入っているのは「Satto」の水切りワイパー。曲線の多いお風呂ですごく使いやすい。微妙に凹凸が付いているので床の水切りにもいいし、ゴムが適度に曲がってくれるのがうれしい。そして安い（Amazonで291円でした）。

スポンジは「マーナ」のおさかなスポンジ。違うのも試してみたけど、やっぱりこれが優秀。両面使い分けてバスタブと洗い場の床をこれひとつで掃除できるのが使いやすい。しかもヘタらない。ブルーが爽やかでいいじゃない。

お風呂上がりに最後の人が、シュシュッとスプレーしてバスタブと床をスポンジでサッと洗い→スクイージー（夫はやってくれない）が我が家の普段のお手入れです。

▶ 2015年 10月 16日

一番嫌いなお掃除場所はどこですか？

私は洗面所の排水口でした。汚れを見るのもイヤだし、掃除も面倒で。考えた末、お酢＋ハッカ油のスプレー（お酢2対水1〜2に、ハッカ油数滴）を、毎日寝る前にシュッシュッとすることに。これで、排水口の中にもふたの網にも全然汚れがつかなくなりました！ 私は家にあった一番安い穀物酢を使ってますが、クエン酸もよいかと。毎晩排水口のふたを外し、髪の毛などを取り除いて（毎日やってるとゴミもほんのちょっとです）、お酢スプレーをシュッシュッ。このひと手間でドロドロ排水口から脱しました。お掃除のストレス、ひとつ減りました！

▶ 2016年 01月 08日

洗面所での習慣

「寝る前の排水口お酢スプレー」「寝る前にふきんをウタマロ石けんで洗うついでに洗面台掃除」「お風呂上がりの5分掃除」「洗剤の種類を減らす」。以上が去年、身についた習慣。さらに暮れにバスマット2枚を断捨離して、「soil 珪藻土バスマット」に変えたところ、すごく使いやすい！ 狭い収納に陣取っていたバスマットとさよならできたのは大正解でした。

今年は「乾いた洗濯物をその日のうちに畳んでしまう」「色とりどりタオルを使い切り、自分で揃えたタオルを使いたい！」「洗面鏡裏の収納見直し」に取り組んでいきます。

ちなみに現在は、寝る前にキッチンの手拭きタオルを、シンクと洗面台の水分拭き取りや床拭きに使い、洗濯機にポイする習慣をつけている最中です。

2016年 01月 19日

量を減らしてトキメキを増やす

右半分の食器11枚を処分して、左の食器5枚、ソルト&ペッパーミルを買いました。

数カ月前から食器をもっと減らしたくて模索していました。結果、使い道の多いマルチな食器を取り入れて、使い道の限られた物を処分することに。

後ろのソルト&ペッパーミル。デンマークブランド「menu（メニュー）」の「Bottle Grinder（ボトルグラインダー）」は、1年前から岩塩用のミルを探していて、この冬のセールでやっと決心。表面がシリコンっぽい感じで手になじんで扱いやすいです。日本で買うとお高い物たちは海外サイトから直接購入しています。

2016年 01月 23日

朝一クイックワイパー様様。

私のお掃除習慣の中で一番気に入っていて、一番私を助けてくれているもの。

「寝る前に階段下にモップをセットして寝室に上がり、起床後、階段から下りてきたらその足で1階全部にモップがけするというもの。」

朝の5分足らずでカーペット以外の床掃除が終わります。体調が悪い日も、朝一ワイパー習慣にどれだけ助けられたことか。習慣になっていれば割と苦なくお掃除できることがわかり、あらためて「習慣ってスゴイ……」と思い知らされた次第です。

今年はさらに「リビングダイニングの週末サッと拭き掃除」をプラス習慣にするのが目標！

2016年 02月 04日

早起きしてもらうことは三文の得

最近早起きな娘。前は家事やら自分の身支度を済ませてから、娘を遅めに起こしていたけど、早起きしてもらったほうがスムーズに仕事に行けることを最近実感。

今日も私的にはかなり寝坊な7時に一緒に起きたけど、洗濯もしてお弁当も作っておうちを整えてからお仕事に行けました。やってみたら意外といいってことあるものですね。

前までは6時前に起きていたのですが、妊娠中のせいか眠くて眠くて最近は7時近くに娘に起こされています……。これ以上遅いと洗濯や炊飯器の電気代に響くのでギリギリライン（笑）。

娘は最近このソファの背もたれから床にジャンプするのが好きで、この写真は踏み切りの寸前です。

2016年 02月 09日

スポンジ不要のゴム手らくちん（ズボラ）掃除

スポンジ不要のゴム手らくちん（ズボラ）掃除。ただ食器洗い後にシンクをそのままゴム手袋でサーッとこすって、排水口のかごや中もなで洗いするだけ。そしてシンクの拭き上げを寝る直前に。

週1回くらいはブラシなど使わないと細かいところが取れないけれど、毎日のお手入れはこれで十分ピカピカになります。シンク用スポンジを乾かしてしまう手間からも解放！

年齢と季節の乾燥に勝てず、たまたま今シーズン使い始めたゴム手袋だけど（面倒くさいので今まで食器洗い時に着用したことなかった。笑）、そのままいろんなところをついで掃除できるのですっかり気に入りました。使っているのは無印良品のゴム手袋です。

14

かおりさん

Kaori

減らすことだけにとらわれない。私なりのミニマルな暮らし方。

Instagram user name「かおり」
https://www.instagram.com/752tkm/

千葉県在住。20代主婦。同い年の夫と1歳の娘、犬2匹、猫1匹の3人と3匹暮らし。家事を“楽”にして家族との時間を“楽”しむために余計なモノを減らし、「より少なく より快適に」過ごせるよう心がけています。モノより思い出いっぱいの毎日を送りたいです。

ミニマル&シンプルな暮らしを楽しむ工夫

衣食住
何度も取捨選択を繰り返し、時間をかけて少しずつ、たくさんのモノを手放してきました。以前は「捨てること＝もったいない」という思いが強かったのですが、不要なモノをいつまでも溜め込んで空間を圧迫し、掃除に手間も時間もかかり、イライラすることのほうがよほどもったいない！ モノを減らす（残すモノを選ぶ）ことで、自分にとって何が大事かがクリアになり、時間・空間・心のゆとりまでも生まれます。

家族構成
夫・娘・犬2匹・猫1匹

理想とする暮らしについて
モノはできるだけ少なく、思い出は数え切れないくらいいっぱいの暮らし。

2015年 08月 07日

朝のぞうきんがけ

最近、朝の掃除にぞうきんがけをプラスしました。娘のずりばい範囲が広がったので始めたのですが、素足で歩いたときのサラッと感が気持ちよくてハマってしまいました♪
朝一の授乳が終わったら、まずは洗濯機を回して、次に掃除（掃除機＋ぞうきんがけ＋α）。掃除が終わったら洗濯物を干して、それからゆったり朝食……というのが日課です。
朝は娘も機嫌よくひとりで遊んでいてくれるのでその間にパパッと家事をやっちゃいます！ 朝の家事をルーティン化すれば、迷いなくとりかかかれて時短にもなるので、あとが楽です。

2015年 08月 20日

基本、何も置かない

ダイニングテーブルには基本何も置かないようにしています。日中は娘にいたずらされると困るものなどをちょい置きしちゃったりもしますが、夜寝る前には何もない状態にしてリセット。

ダイニングもキッチンもきれいに拭きあげてリビングの物も定位置に戻してから寝ると、翌朝いつもスッキリです♪

2015年 09月 02日

我が家にないモノ

一般のご家庭にあって、我が家にはないモノ。

・リビング、洗面所のゴミ箱／キッチンのゴミ箱にポイ！

・マット類／バス、トイレ、キッチン、玄関のマット等、1枚もありません。分けて洗濯するの面倒だし！

・ラグ・カーペット類／掃除しづらいのでやめました！

・クッション／必要だと思ったことがない。

・夫と私のバスタオル／お風呂上がりはフェイスタオル派。というより、幼い頃からずっとフェイスタオルだったので、それが当たり前と思ってた。

・スキンケア用品／「肌断食」を始めてからワセリンとヒルドイドのみ。

・衣類漂白剤・柔軟剤／赤ちゃんの肌に悪そうなのでやめました。別に使わなくても問題なかった。

あるのが当たり前だったモノも意外となくても平気だったりします。

2015年 09月 17日

セスキ炭酸ソーダにビックリ！

キッチンカウンターの笠木（かさぎ）部分。食器を置くのはもちろんですが、うちの猫さんのお気に入りゾーンでもあるので、年月が経つにつれ、いくら水拭きしても落ちない汚れが目立ってきて悩んでいました。

そこで汚れがよく落ちると噂のセスキ炭酸ソーダを購入したので、試しにゴシゴシ……。あっという間にきれいになりました!! 新築の頃みたいに真っ白になって感動〜!! 嘘みたいにすんなり汚れが落ちてくれたのでビックリ！ 大満足です♪

2015年 11月 04日

石けんのみ置いています

洗面台に置いているのは石けんのみ。水道の蛇口は毎日磨いてます。掛けているタオルを洗濯する前に、蛇口をキュキュッと。ついでに鏡や周辺もサッと拭いてから洗濯機へポイ！ キッチンやその他の水栓も同様に。毎日1回拭きあげるだけでもきれいな蛇口をキープできるので時間をかけて水あか落としをする必要がありません。

2015年 11月 08日

週1でスポンジ交換

キッチンのスポンジは衛生面を考えて、週に一度新しい物に交換しています。捨てる前に、シンク全体と排水口の中をきれいに掃除してからポイ！

普段食洗機を使っているので排水口は週に一度の掃除でも、そんなに汚れていません。ほんとは毎日掃除したほうがいいんでしょうけど……。掃除用のスポンジを保管しておく必要がないのでスッキリ♪　1週間だとまだ使えるな～と思えるくらいきれいなのですが、安い物なら週一で交換しても月100円以下なので、いさぎよく掃除に使って捨てるようにしています。

2015年 11月 11日

なんにもない空間

子ども部屋になる予定の空き部屋。なんにもない空間が好き。

私がミニマリストという言葉を知ったのは2年ほど前。ちょうど家を建て始めた頃だったので、たくさんのミニマリストブロガーさんに刺激を受けながら、引っ越しに向けて断捨離に励みました。引っ越してからも少しずつモノを手放してきたので、子ども部屋にはほとんどモノがなくスッキリです。

先日、100円ショップにふらっと立ち寄ったら、今、Instagramで人気の収納容器「スクエアボックス」を発見。確かに何かに使えそう！　と思いましたが少し考えて棚に戻しました。何かに使えるって一体何に使おうとしてたんだろう……。流行に惑わされて、物を増やすところでした。

収納グッズを買うなら、物をひとつでも捨てて、空間とゆとりが欲しいです。

2015年 11月 19日

靴箱の掃除

靴箱を拭き掃除しました。【夫】スニーカー×2、サンダル×1、革靴×2（革靴1足は今履いて仕事中）【私】スニーカー×2、サンダル×1、ブーツ×2　あとゴミ捨てなどちょっと出るとき用にクロックスが1足。これで全てです。

1足買ったら1足捨てるようにしているのでこれ以上増えることはありません。元々持っている靴は少なめでしたが、ヒールが苦手でほとんど出番がなかったパンプスなども、妊娠を機に全て処分しました。

一段目の空いているスペースには、これから増えていくであろう娘の靴を並べていこうと思っています♪

2015年 11月 25日

ボトル類は拭いて浴室から出す

お風呂に入ったあと、ボトル類を拭き上げて浴室から出すようにしました。

毎日使う物だしイチイチ拭いて外に出すなんて面倒くさい！　私には絶対無理だとずーっと思っていたのですが、始めてみれば、全然苦にならず続けられています♪

ポンプ部分の細かい溝に発生するピンク汚れに悩んでいたのですが、外に出すようになってからは真っ白ピカピカなままです★　無理だと決めつけずもっと早くから試しておけば良かった！

2015年 12月 03日

リビングのビフォーアフター

最近のリビングです。ジョイントマットは、娘がおもちゃをポイポイ投げるようになってから床の傷が心配になって敷くことにしました 1 。

リセット自体は2、3分で終わります。おもちゃを集めて、明日掃除機がかけやすいようにジョイントマットを立て掛けておくだけ 2 。

以前、鈴木尚子さんの本で読んだのですが「ママが手伝っても片付けるのに10分以上かかるのは、おもちゃの量が子どもの管理能力を超えている」そうです！ まだお片付けは私の役目ですし、おもちゃの量も多くないですがこれから先、おもちゃが増えても、子どもが自分で管理できる量だけにしたいなと思っています。

1

2

2016年 03月 05日

私なりのミニマルな暮らし方

モノが少なくなると、暮らしがシンプルで快適になります。

でも「モノを持たないこと」に執着しすぎて必要なモノまで手放してしまい、家事が面倒になってしまっては意味がないと思っているので、不便にならない程度に「モノを持つこと」も大事にしています。

大切なのは、家族みんなが快適に過ごせる環境を作ること。我が家は小さな子どもとペットが3匹いるので、最低限必要なモノもそれなりに多くなりますが、減らすことばかりにとらわれず、適切な量のモノを持つのが私なりのミニマルな暮らし方です。

15

Misakiさん

Misaki

適度にゆるい
やり方で
小さな達成感を。

「シンプルで心地いい暮らし」
http://apricot339.exblog.jp/

愛知県在住。40代。夫と3人の子どもと暮らす、働くお母さん。家族みんなで暮らす家は、ホッとくつろぐことができ、明日への活力に繋がるところにしたいと考えています。そのために、小さな工夫や改善を積み重ね、モノやこころの整理しながら、できるだけ少ない手間で暮らしが整う仕組みを更新しています。

ミニマル&シンプルな暮らしを楽しむ工夫

衣 年齢を重ねてきて、どんな服が似合うのか試行錯誤中。少ない服でもコーディネートの幅を広げられるようになりたいです。

食 日常を健やかに過ごしていくためには、食は大切だと考えています。とはいえ毎日のことなので、時には手抜きをしながらも、ちょっとだけがんばるようにしています。

住 気がついたときに掃除ができる仕組みを考え、少ない手間でこまめに掃除しています。

家族構成
夫と中学生の男の子、小学生の女の子2人の5人暮らし

理想とする暮らしについて
自然に寄り添い、その土地に根ざした暮らし

2014年 12月 11日

ランドリー周りの収納

わが家での洗濯は毎日のこと。多いときは1日に3～4回することもあるので少しでも家事の効率を上げられるようあれこれと考えています。

無印良品のスチールユニットシェルフに、タオルを始め、脱衣カゴやアイロンやバケツを収納。引き出しには洗剤のストックや掃除用品を入れて、入り口のすぐ横には、自立しない掃除用品をS字フックにつり下げています。気が付いたときにサッと使えるコードレス掃除機もここに。家族5人、しかも女が3人いると、髪の毛がすごく目立つので、朝晩2回ほど掃除機掛けしています。時間にしたら1分ほどの作業のおかげで、汚れがたまりにくくなりました。

2015年 01月 21日

すっきり暮らすための小さなルール

家に帰ったときに、最初に目に飛び込んでくる、このダイニングテーブル。ここが片付いていると、帰宅したときに清々しい気分になれるし、ホッと安心できるのです。

いつも片付いているのが理想だけど、時間に追われ、片付けができないこともあるのが現実。でも、少し先の自分がちょっとでも気分よく過ごすために、ほかのところは多少散らかっていてもよしとし、「毎朝ダイニングテーブルだけは片付ける」という小さなマイルールを決めることに。

片付けの基準を下げることで、気持ちもずいぶんとラクになり、ここだけならがんばってみようかなと思えるようになりました。

2015年 03月 02日

週の初めに

週の初めは、おそらく1週間のなかで家が一番きれいなとき。週末は、家族が家で過ごす時間が長いし、子どもの友達が遊びに来て、家のあちこちで遊び回ることも多いので、どうしても汚れがちになってしまいます。そこで、週の初めの平日に一度リセット。家中を回って、はたきをかけたり、掃除機をかけたり、ぞうきんで拭いたり……ざっくりとですが、家全体をきれいにするようにしています。

掃除をしたあとは、部屋が明るくなり、清々しい気分に。週の初めにやることで、「この1週間もがんばろう～」という活力につながっています。

2015年 05月 26日

掃除道具はすぐに使えるところに

子どもが3人いるわが家は汚れるペースが本当に早い！　なので、掃除は「汚れたらすぐにやる」を心がけています。以前は掃除道具を1カ所にまとめて収納していたのを、何かのついでに掃除ができるように、掃除するところの近くへと分散させました。

ダイニングテーブルの片隅に、フックをつけて掃除用のブラシを掛けておいたり、トイレにはモチベーションが上がるよう、ちょっと贅沢だけどおしゃれなボトル洗剤を置いたり。気付いたときにさっとひと拭きします。

「汚れたらすぐにやる」これが一番ラクな掃除方法かも……と実感している日々。

2015年 06月 30日

長女の部屋の模様替え

長女の部屋の模様替えをしました。今まで使っていた無印良品や100円ショップのケースは「シンプルすぎるから、もっとかわいいのに変えてほしい！」と言うので、一部変更してみることに。他の部屋とも使い回しができて便利だったのだけどなぁ……。でも、長女の部屋なので、ここは本人の意見を尊重し、ちょっとデザインのかわいいケースを探しました。

中身は1ジャンル1ボックスで放り込むだけのざっくり収納です。好みのケースにしたことで、きれいな状態を維持しやすくなることを期待しています。

2015年 08月 10日

夏の寝室

わが家の主寝室は6畳。ダブルベッドとシングルベッドを2台並べて、親子4人で寝ています。夏のベッドファブリックは、できるだけシンプルにしたいと白をメインにしました。

リネンのボックスシーツは、ボックスシーツと中わた入りベッドパッドが一体化しているものです。ベルメゾンの「オーガニックリネンのボックスシーツ型敷きパッド」。子どもの寝相が悪くて、よくベッドパッドがずれてしまうのがストレスでしたが、一体型は、直すのも取り付けもラク。リネンのサラリとした感触が心地いいです。

2015年 09月 05日

子ども部屋のインテリア・くつろぎスペース

「友達が遊びに来たときにくつろげるスペースがほしい」……そんな長女のリクエストに応えようと、くつろぎコーナーを作りました。

長女の希望の「白くて丸いラグ」のなかから、洗濯ができて、滑り止めがついていて、将来ベッドを置いたときでも、使える大きさで、手頃な価格で……という条件を満たすものを探しました。ふっわふわの感触に子どもたちが大喜び！

卵型の白いテーブル、マカロン型のクッションもニトリで。部屋がすっかり明るく、やわらかい雰囲気になりました。

2015年 09月 13日

網戸掃除を簡単に

気が付けば、窓も網戸もかなり汚れて大変なことに……。ようやく掃除しました。窓は、たっぷりと水を含んだぞうきんでガラス全体を濡らし、スクイジーで水気を切ったあと、乾いたぞうきんで拭き上げました。

網戸は、水を含ませた大きめのメラミンスポンジで軽〜くなでるだけ。スポンジがすぐに真っ黒になるので、何度か洗う必要があり、スポンジが削れて出たゴミやほこりが、ポロポロと下にこぼれることもありますが、網戸を外さなくてもビックリするほど簡単に、しかも短時間で、掃除できました！

窓と網戸がきれいになると、部屋は明るく、気分は晴れやかになりますね。

2015年 10月 06日

キッチンの普段のお掃除

夕食後、食器を食洗機に入れたら、コンロ、壁、換気扇の表面をマイクロファイバーのふきんで水拭きしてから別のふきんで乾拭き。油汚れはセスキ炭酸ソーダ水をスプレーしてから、ふきんで拭いています。

次にシンクバスケットのゴミをウエスで取ってから食洗機へ（毎日食洗機で洗っているのでキレイです）。排水トラップもウエスと古歯ブラシでゴシゴシ。水のたまる部分にヌメリ防止で、酵素系漂白剤を振りかけます。そしてシンクに、クエン酸水をスプレーしてから、アクリルたわしで洗います。絞ったふきんで拭き、アルコールをスプレーして、最後に乾いたふきんで拭き上げています。

かかる時間は全部で20分。多少疲れていても、少し未来の自分への投資だと思うと、エイッと重い腰を上げられるようになってきました。

2015年 11月 17日

少ない手間でキレイを維持する

リビングのなかでも、特にほこりが気になるのが、テレビなどの電化製品と障子の桟。ほこりに気付いても掃除道具を取りに行くのが面倒で、ついつい見て見ぬフリをしてしまうことも……。そこで、壁掛けテレビの裏の壁にフックを付けて、隙間にダスターをつるしてみました。ここなら、ほこりに気が付いたときに、片手で取り出し、ササッと掃除することができます。仕組みを変えることで、ズボラな私でも、小まめな掃除が継続できるようになります。

このほこり取りは、天然羊毛100%で、見た目もかわいく、使い勝手もとてもいい！こんな掃除道具なら、少しだけ掃除も楽しくなります。

2016年 01月 05日

キッズスペースの収納の更新

クリスマスに、サンタさんとおばあちゃんからプレゼントをもらった子どもたち。新しいモノが増えたことで、おもちゃの収納も更新しました。

こちらは和室の押し入れの次女コーナー。オープン棚の下段におもちゃを収納しています。次女が、遊んだり、片付けている様子から、おもちゃの収納スペースを増やすよりも、今のモノの量をキープしたままのほうが良さそうだと思ったので、使っていないモノをあれこれ片付けることに。収納スペースやグッズはそのまま、ラベリングのみ変更しました。

空いている壁には、学校や児童館で作ってきた作品を飾っています。作品が少しずつ増えていくのがうれしい。新学年になるまで、このまま飾っておこうかな～と思っています。

16

アパリさん

Apari

片付け大好き！モノを減らして心もスッキリ、幸せです。

▶「無の暮らし」
http://apari34.hatenablog.com/

福岡県在住、40代、パート主婦。結婚20年目。新築の分譲マンションを購入。収納や片付けは大好きだけど、掃除は嫌い。モノを減らしたら掃除が楽になり気持ちもおうちもスッキリ！です。必要最小限のモノでの暮らしは、時間と気持ちに余裕が生まれます。モノがあるときより快適で幸せ。

▶ミニマル&シンプルな暮らしを楽しむ工夫

衣 自分に似合わない色とデザインを断捨離（茶・ベージュ系の色と、ナチュラル系デザインを手放しました）

食 必ず使うモノしか買わない。期限内に使い切れない調味料は割高でも小さいサイズを買う。ストックは、ほとんど持ちません。疲れたり忙しい日は無理をせず一品をスーパーの惣菜で済ませたりしています。

住 断捨離が終わり、必要最小限のモノだけの暮らしになると、そのモノたちにこだわりたい。これからは買い足しより買い替えです。厳選してお気に入りのモノだけにしたい。

家族構成
夫、長男（大学1年）、次男（小学6年）

理想とする暮らしについて
毎日が幸せだと、感じる暮らし。健康第一。子どもらが普通に学校に通ってくれて、旦那も働く場所がある……普通であることが一番幸せだと思ってます。

▶ 2015年 08月 26日

持ちすぎたグラスを手放す

私がいさぎよく手放せないモノの上位に入るグラス。ようやく断捨離しました。

合計35個も持っていました。全てがお気に入りなのですが、iittala（イッタラ）とDURALEX（デュラレックス）21個を残し、14個を手放しました。これらのグラス、とても気に入っていたのと、私が留守中でも不便のないようにと思っていたのが持ちすぎの理由でした（ここ2～3年、友達と旅行に行かせてもらってます。）。足りなくなれば洗えばいいんだし、紙コップを置いとけばいいよね～。次男と一緒に選別して、残すグラスを決めました。お気に入りの中のお気に入りのグラスたち……大切に使いたいと思います。

2015年 10月 30日

食器を減らすためにやったこと

食器の見直しは、何度かやっていて厳選してきたつもりです。でも、まだ減らしたい。モヤモヤしながらの半年……残したモノは全てお気に入りだから、なかなか断捨離できませんでした。

同じくらいの大きさの食器を見比べ、どちらを残したいか考えて……。二軍にあたる食器を3週間、押し入れに。

3週間使わなかったら、断捨離！ということにしたのです。

その結果、全部は断捨離できなかったけど、お皿を15枚手放せました。

食器、減らしたいけど……使ってるし、ないと困るかも……と迷ったら、まずは食器棚から抜いて試してみてくださいね。

2015年 11月 09日

衣類を減らすために色を絞ったけれど

私の衣類、少しずつ断捨離してきました。でも、まだ減らしたい！

私は一緒に買い物に行った友達から「またボーダー？」と言われていたくらいのボーダー好き。今持っているボーダーの服を見ると、黒、白、紺、グレーばかり。衣類を減らすために色を絞り、赤、黄色などのボーダーを手放しました。無地の服も黒、白、紺、グレー、ブルーに決めてその他の色を断捨離……。

これでかなり減らせたのですが、半月ほど前、珍しく赤のセーターを着て次男のスイミングスクールへ行った時、ママ友からとても似合ってる！ってお褒めの言葉をいただきまして……。

手放すつもりだったけど、残すことにしたのでした。年を重ねると派手な色のほうが良い（似合ってくる）って言いますしね……。色を絞って衣類を減らす作戦でしたが、また課題が増えました。

2016年 01月 17日

私のモノの減らし方

ゆるりまいさんの『わたしのウチには、なんにもない。』（エンターブレイン）を読み終わり……。うんうん、そうそう、共感しまくり。でも、私にできてない（できない）ことがありました。それは、持ち物全てがお気に入りのモノで、収納ひとつひとつがキレイで完璧な点。……私は欲しい（買いたい）モノが高かったり、見つからなかったりで、妥協して買ったモノが多い。少しずつ買い替えはしていますが……。

ゆるりまいさんは、モノを極限まで減らせてます……私はまだ、極限には至ってません。

また、「柄もの、キャラものを極力排除する」ということも書いてありましたが、うちの中を見渡すと、柄物がありました。ノートパソコンにかぶせてる手ぬぐい 1 と、キッチンの手拭き用手ぬぐい 2 。とりあえず、表に出ている柄物は手ぬぐいだけです。

2016年 01月 18日

断捨離できるママ友と、できないママ友

先日、我が家に1度も遊びに来たことのないママ友から「○○さん家、いつも片付いててキレイって聞いた〜」と言われました。噂、怖いな〜！

「どうやったらモノが減らせる？」と、聞かれ、「まずは自分の要らないモノを捨てる！」と熱く語ったんだけど、「要るモノと要らないモノの区別ができない」と言われた。

「自分が明日死んでしまうとして残したくないモノを捨ててみて。タンス全部、一度にするのではなく、引き出し1段とか、1カ所ずつ減らしてみたらどうかな〜」とアドバイス。

そのとき私の熱い語りを聞いてくれたママ友のひとりは、後日たくさんの要らないモノを捨てられたみたいです。でも、もうひとりのママ友は、話の途中から「でも……」「だって……」がとても多かった。多分片付けできなかったんじゃないかなあ。要は、気持ちの持ち方次第かなと思います。片付けたい！スッキリしたい！って決心すれば必ず手放せるって思います。

写真は、手放した鍋。ほぼ同じ容量の鍋がもうひとつあったので実家へ。

2016年 01月 26日

手放して後悔したモノは思い浮かばない

モノが減ってスッキリした押し入れ1。下は約半年前の様子2。衣装ケースが9つ減ってます。少しずつ手放していったので実感がわかないけど、手放して後悔したモノは思い浮かばないので、要らない・なくても大丈夫なモノをたくさん収納していたんだな……。

我が家の収納はこの他に、長男の部屋と子ども部屋に小さなクローゼットがあり、長男のクローゼットには長男の服、夫の服が掛けてあります。子ども部屋のクローゼットには私の上着と、次男の服を掛けています。その他は、整理ダンス、食器棚、白い家具。どれも必要なので、このまま使うかお気に入りのデザインが見つかれば買い替えるつもり。今現在の、適量。うちにとっての必要最小限のモノだけに、やっとなりました。これからも買ったり手放したり……続くと思うけど、とりあえず断捨離終了です。

2016年 02月 01日

私の衣類（ボトムス）はパンツ5枚だけです

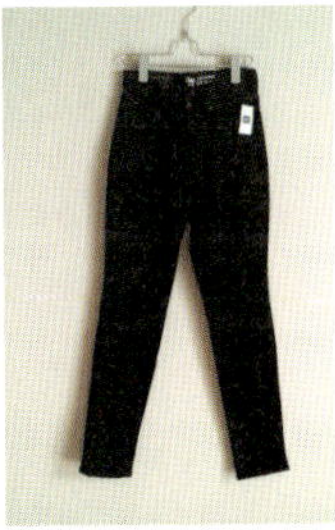

私の衣類、ボトムスです。スカートは全て手放しオールシーズン、パンツだけで過ごしています。パートも私服です。事務・作業・接客とオールマイティーな仕事で動きやすさ重視の服装。お出かけ服と仕事（私服）は分けてません。仕事のために手放せないでいる服もあるので、衣類に関してはミニマムな持ち数とは言えませんが。

少しずつ断捨離して減らしました。上の4枚と、洗濯中のデニムが1枚の合計5枚です。洗濯中のデニムは、そろそろ買い替える予定。春にもう1枚……白かグレーか柄物を追加したいなぁ〜と思ってます。オールシーズンで5枚〜6枚。今の私の必要最小限の持ち数です。

▶ 2016年 02月 07日

ほとんどの家庭にあるモノをなくしました

ほとんどの家庭にあるモノをなくしました。それは、100円ショップの、プラスチック収納カゴ 1 2。以前はたくさん（20個以上あったはず）持っていて、家中のいたるところの収納に使ってました。

モノを減らすとプラカゴも不要に……。この度キッチンで使っていたのと、子ども部屋で使ってたのを手放し、この手のプラスチックカゴが0（ゼロ）に！

仕切りに使ってる100均容器や無印良品のプラスチック用品はありますが、なるべくプラスチックは排除したい！

なくても大丈夫なプラスチック容器……まだありそう。見直して、少しずつ手放したいと思ってます。

▶ 2016年 02月 11日

私の持ち物、公開します**衣類（トップス＆アウター）

トップス&アウターは、持ち過ぎて、数える気にもなれませんでした。かなり減らしてなんとか公開できる枚数に。十分に管理できる数だし全て着てる服だから、もう手放す服はない！って思ってたけど……ありましたよっ。5枚処分しました。そして 今の私の衣類はこれだけです。

【夏物】シャツ、ブラウス3、ニット2、カーディガン4、カットソー6 計15枚 1

【春秋、冬物】ワンピース2、シャツ・ブラウス3、ニット10、カーディガン4、チュニック2、カットソー2…… 計23枚 2

【アウター】ロングのダウンコート2、ウールコート1、トレンチコート1、ダウンベスト1 計5枚 3 ロングダウンのベージュ色は手放す予定。

これで全部で47枚です。近日、1枚増えるので48枚。グレーのパーカー、手放したけど1枚あると何かと重宝するので、ポチッとしちゃいました。

2016年 02月 20日

スッキリ、リビング・ダイニング♪

1

2

夕方、帰宅したら気持ちよく過ごせるように……片付けてからパートに行くようにしています。昨日、帰宅後のリビングは写真のような感じ1。こないだの休みに部屋の模様替えをし家具を移動しました。以前からあった白い家具2は子ども部屋へ。また少しスッキリ。

昔から片付けは大好きだった私。結婚してからも変わらず、モノが多くても、整理収納を常に心がけていました。でも子育てと仕事で家事がおろそかになり……ウチの中が整ってないのがストレスで常にイライラ。そんな状況から抜け出したいと思ったのがきっかけで始めたミニマルな暮らし。モノが少ないと時間に余裕ができる。片付ける時間、掃除する時間。まずは要らないモノを捨てることから始めたら、暮らしが劇的に変わりました。

2016年 03月 03日

プラスチック製品、断捨離中……

1

2

食洗機用の洗剤入れ。100均のプラスチック容器から、野田琺瑯（のだほうろう）に変えました1。100均のこの容器をガラスか陶器に買い替えたいとずっと思っていたけど気に入ったモノが見つからず……。ルイボスティーパックを入れていた野田琺瑯を使うことに……サイズもちょうどいいし、万が一落としても琺瑯なら大丈夫。

もう今はプラスチック製品を、なるべく買わないようにしています。そして、なくても大丈夫なプラスチックのモノを少しずつ断捨離中2……必要ならば、カゴや木、ほうろう、ステンレス等を買い求めたいと思っています。

17

三上絵梨子さん

Eriko Mikami

無印良品アイテムで無理のないシンプルライフ。

➡ Instagram user name「eriko.mkm」
https://www.instagram.com/eriko.mkm/

33歳、専業主婦。愛知県豊橋市在住。賃貸2DKにふたり暮らし。無印良品インテリアをこよなく愛し、無理のないシンプルライフを目指しています。高価な雑貨や有名ブランド品がなくても素敵な暮らしは送れます。それを教えてくれたのがシンプルライフという考え方でした。必要な物は最小限に、でもほんの少しのこだわりを持って。そうするとどんな家でも大好きになれるんです。

▶ ミニマル&シンプルな暮らしを楽しむ工夫

衣　素敵だなと思っても直感で買わないようにしています。一晩考えれば意外と熱は冷めてしまうものなので。

食　買い物は毎日行きます。その日の食材をその日に買うスタイルなので、冷蔵庫もガラガラです。

住　家具については「どの場所でも使えるものを」をモットーに購入します。我が家の食器棚は、本来衣類を収納する無印良品のチェストを使用しています。いつか食器棚として使わなくなってもリビングや寝室で使うことができますよね。「その次」を考えると、無駄を省け、お財布にも優しいです。

家族構成

旦那さん（30）、私（33）、ウサギ2匹

理想とする暮らしについて

自分だけの生活ではなく旦那さんあっての生活なので、旦那さんも自然とシンプルライフを楽しめるようなスタイルにしています。

▶ 2015年 12月 09日

押し入れの整理で清々しい気持ちに

我が家の押し入れです。家族以外に見られることがないのに、ここの整理を頑張るとなぜかすごく清々しい気持ちになります（笑）。

左端のちょこっと空いたスペースにも突っ張り棒を設置し、旦那さんの鞄とファブリーズを掛けられるようにしてデッドスペースも有効活用しちゃったりするわけです。

漫画やCDの収納に使っているのはポリプロピレン収納ラックなるアイテムです。押し入れはまだまだ改善の余地があると思っています。

2015年 12月 23日

シンク上の戸棚収納

シンク上の戸棚収納です。ブリ材バスケット（左）には、使わないランチョンマット。ブリ材バスケット（右）には、夏にしか出番のないブルックリンジャー（ガラス保存容器）。ラタンバスケットには、旦那さんのお菓子てんこ盛り。ちなみに右側のバスケットには何も入っていません。バットとボウルはもちろん無印です♪

3年ほど前、無印良品の店長さんと仲良くさせていただく機会があり、お付き合いを通じて無印良品のシンプルさや収納の合理性に魅力を感じたことが、私のシンプルライフを目指すきっかけになりました。無印大好き！

2015年 12月 23日

IH下の収納

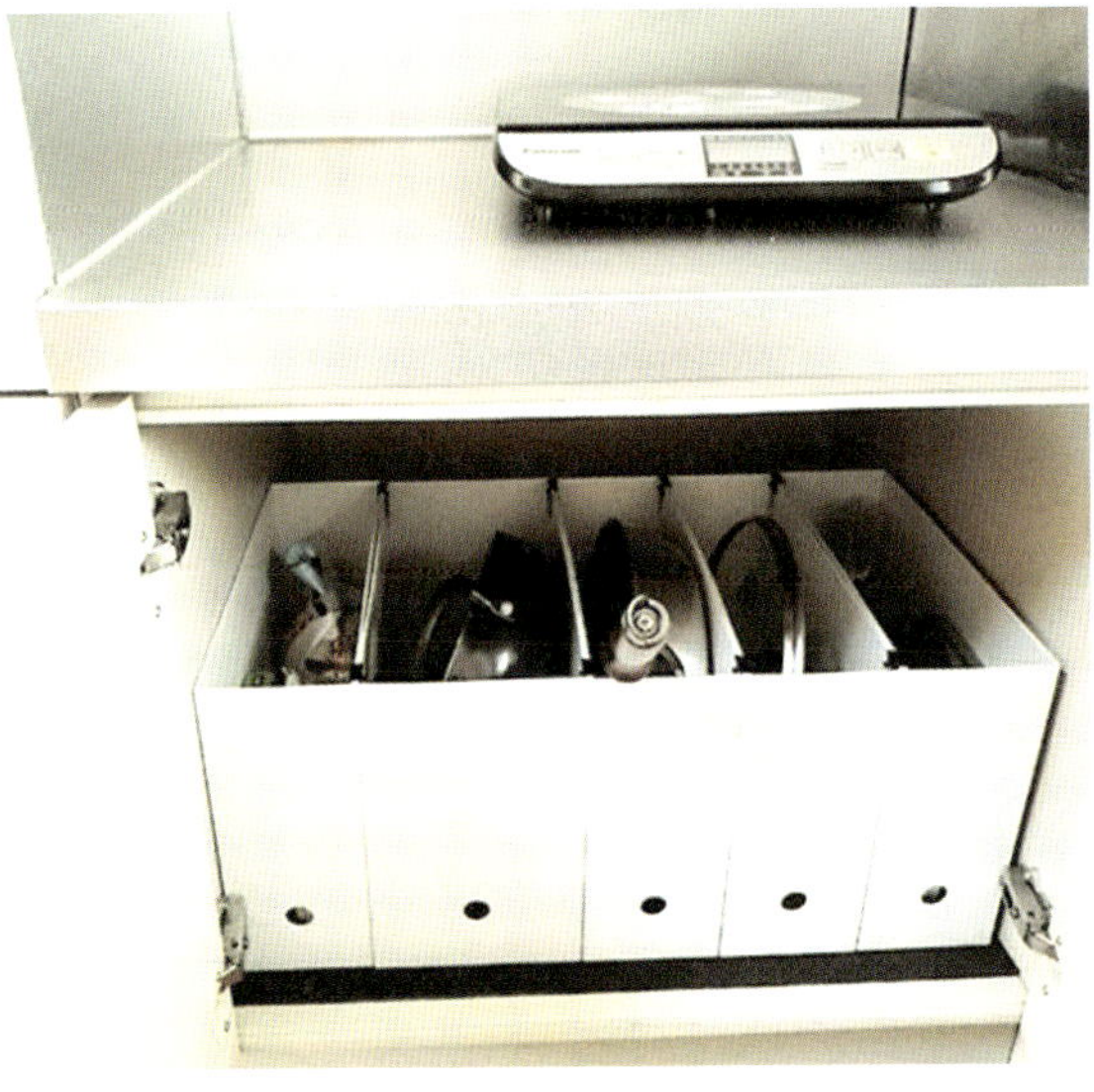

IH下の収納です。無印のファイルボックスを並べて、全てをダブルクリップで連結させて、中身を取り出したときにファイルボックスがズレないようにしてるのが唯一の工夫です。

左から……お茶パックのストック、すきやき鍋、フライパン、ふた、ストローや砥石（といし）などのキッチン雑貨。以上です。我が家は調味料や食料のストックを基本的に持たないので、年中あるのはお茶パックのストックのみです。

これがキッチン収納をスッキリ保つ秘訣でしょうか。

2016年 01月 08日

我が家のカトラリー

我が家のカトラリーはこれだけです。ふたり暮らしだしお客さんも来ないからふたり分だけで済みます。お箸と木のスプーンは無印。ディナースプーンとフォークとバターナイフは柳宗理。デザートスプーンとフォークは機内食シリーズ。これだけで十分です。

昔は「とりあえず買い」が多かったです。買わない後悔より買う後悔のほうが自分へのストレスは少ないと考えていたんでしょうね。結果、使わない物が生まれてしまい、数回のみの使用で廃棄、もっと言えば一度も使わず廃棄ということがありました。今ではインテリア家具は無印良品のもの、キッチン雑貨などはお気に入りのショップのものしか買わなくなりました。

2016年 01月 08日

新しい食器を買う度に配置換えしてます

1

2

食器棚収納。ここは新しい食器を買う度に配置替えしてます。滑り止めマットはホームセンターで買いました。

うちの食器たちは主に「4th-market」と「KINTO」と「George's」の3つで占められてます。

ちなみに食器はここにあるもの以外は、他には夫婦湯呑みがあるぐらい。本当はもうちょっと豆皿とか小鉢とか欲しいけど、最近食器に散財しちゃったからしばらく我慢です。

2016年 01月 09日

我が家の文房具

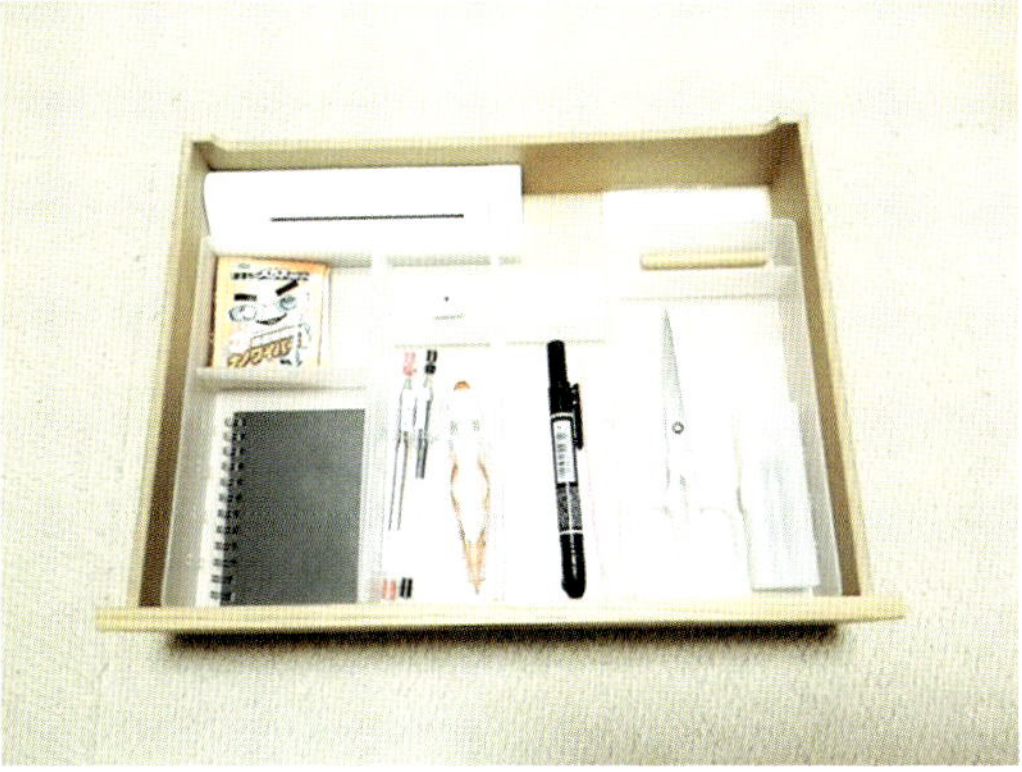

我が家の文房具はスタッキングシェルフ用引き出しの一番上に収納しています。買い物メモぐらいでしか使わないから必要最小限しか入ってません。

DMとか個人情報が記載されてる紙を捨てるときは、無印のハンディシュレッダーが便利です。あとおすすめはこれまた無印の印鑑ケースですね。朱肉が付いているし何よりシンプルで素晴らしい。ガムテープとかの工具類は別の収納ケースに入ってます。

文房具ってなんとなく捨てにくいみたいですよね。使い切ってない内に捨てるのはためらわれるというか……まぁ私はそんなこと気にせず、使わなきゃバンバン捨てちゃってますが（笑）。

2016年 01月 26日

無印の水切りかご

無印のステンレスバスケット。使ってもう1カ月になるけど、すごく使いやすくて買って大正解でした。サイズ・小でも食器がたくさん入るからキッチンが狭い我が家にはかなりうれしいです！

カッティングボードは「KEVNHAUN（ケヴンハウン）」のSサイズです。

2016年 02月 14日

無印の毛布類は肌触りがたまらない

無印の布団の上でひとしきり跳び跳ねてくつろいでいる茉莉さん（ネザーランドドワーフ）。無印の毛布類は肌触りがたまらんですよね。

先日は、ベッドの裏に隠していたアロマディフューザーのコードを思いっきりかじられちゃいました。電源入れたとたん火花がバチバチ言ってね。

早速ホームセンターでモールを買って、今後は絶対かじられないように補強しました。

美羽さん（ミニウサギ）も何でもかじるから、トイレも牧草フィーダーもボロボロ。毎朝必ず8時から11時にかけてプラスチックをかじってボリボリ食べる音が聞こえてます。

2016年 02月 24日

せっかくベッドを買ったのだから

ベッドにやっぱり脚を付けちゃいました。長らく床に直置きで、それもよかったのですが、せっかくベッド買ったんだから本来の使い方にしてあげたい。なーんて、ただ脚なしに飽きただけです。

気分を少し変えたいときにはよく模様替えをするのですが、ものが少ないとすぐに実行に移せ、時間もかからずに終わらせることができます。

シンプルライフは何に対しても「重い腰を上げる」ということがないのが一番の魅力ですね。

2016年 02月 26日

ステンレスユニットシェルフで衣類収納

服が掛かってるのは無印のステンレスユニットシェルフ。いろいろオプションアイテムがありますが、私のはステンレスの棚板5枚と左右の帆立、背面に付けるクロスバーが2本ついた基本セットに、ステンレスバスケットをふたつ買い足した感じ。本当はキッチンのツールバーとして買ったのですが、ハンガーラックとして使ってます。

衣類は30歳を過ぎて、急激に興味がなくなり……だから1シーズンに1着買うか買わないかというところ。夏服以外は全てこのステンレスユニットシェルフに収まってます。私も旦那さんもあまり服に興味がないので量がかなり少ないです。下着も靴下も毎日洗濯すれば少なくて済むし、衣類にしろ食品にしろ、とにかくストックを持つのがあんまり好きじゃないから、最低限しか持たないようにしています。

2016年 03月 01日

もっとシンプルにしたいです。

こうして写真で見るとゴチャついてる気がします。エプロンを掛ける位置を変えようかな。もっとシンプルにしたいのです。頑張ったら頑張った分だけ報われるから、断捨離と整理収納はやめられません。

私が心がけていることは、定期的な断捨離です。シーズン物は別として、半年使わなければ今後も使わないという持論のもとに、定期的に断捨離を行っています。おかげで我が家には戸棚にも押し入れにもかなりのスペースが残されています。

18

まつりさん

maturi

家事の無駄をできるだけ省いて生活をミニマルに整えたい！

「なんにもいらない？」
http://tomattya.hatenablog.com/

愛知県在住、専業主婦30代。物が少ない生活をしていましたが、結婚、出産を経て多くの物に囲まれるようになりました。生活のしづらさを感じてモノ減らし中です。今よりもっと物を減らして、でも必要な物は全て揃っていて、居心地のいい環境にしたい。また、何かを買って物を増やすぐらいなら、思い出作りにお金を使いたいです。

家族構成
3人家族。夫婦と息子

理想とする暮らしについて
暮らしをシンプルにすることで、家事や育児に追われず、毎日笑顔で過ごすこと。余裕をもって子育てがしたい。

ミニマル&シンプルな暮らしを楽しむ工夫

衣　いろいろな物を着たいという欲求よりも管理の手間を減らしたいという欲求のほうが優っています。お気に入りのものだけを少数所有しています。

食　料理が苦手なので、楽に作業できるようにキッチンを整え中です。料理にかかる時間や作業をもっとミニマルにできないかと試行錯誤しています。

住　家族にとって不便にはならないよう、居心地が悪くならないように、あと小さな子どもがいるので安全対策に気を配っています。

2015年 09月 14日

掃除機なんていらない？

私の掃除道具。クイックルワイパー、ぞうきん、重曹、スプレーボトルです。

まず乾いたぞうきんをクイックルワイパーに挟み、乾拭きしつつゴミを集める。集めたゴミを捨てる（ゴミを取るのにガムテープを使います）。

ぞうきんを濡らしクイックルワイパーに挟み、水で薄めた重曹を床にスプレーしつつ床拭き。これで床がスベスベになります。

クイックルワイパーを使わず、ぞうきんがけするべきかと思ったのですがおっくうになって掃除頻度が下がりそうな気がします。家は小さいですし、部屋にはベッドしかありません。これで十分です。というわけで掃除機なんていらない！

2015年 10月 17日

リビングからテレビ台を撤去！物が少ない空間へ

うちのテレビ台の角は少しの丸みもなく、本当に鋭角でした[1]。付けておいた角ガードを息子がはがしてしまい、また同じ物を買いに行くか補強して使い回すかと悩んでいた矢先、息子がテレビ台すれすれのところで頭から勢いよく転びました。心臓が止まりそうでした。

以前テレビ台を撤去してテレビを床に直置きしてもいいかと旦那に相談したことがあります。見にくくなるから嫌だなーと言われましたがもうそんなこと聞いていられません。撤去です[2]。息子の安全第一です。

テレビ台をなくしたら、スッキリしました。掃除もしやすいです。これでリビングにある家具はこたつのみになりました。狭いリビングですがこれで思う存分よちよち歩きの練習をしてもらえます。

2

1

2015年 10月 21日

物が少ないスッキリしたリビング完成

リビングはもうこれ以上物を減らせないと思います。大体満足しているので完成と言ってもいいのかな?と今日掃除をしながら気付きました。

今リビングに残っているのはテレビ、レコーダー、こたつ、こたつ布団、長座布団、クッション3つ、パズルマット、ラグマット、カーテン、タオルケットです。リビングにある半分以上が無印良品さんのものです。お気に入りの物は捨てずにちゃんと残るんですね。

壁と床面積が広く感じられてとても居心地がいいです。

まだ処分せずに他の部屋へ移動させただけのものもあったりするので、リビングに持ち込まないように気を付けたいと思います。

この状態が維持できるように、できればもっとお気に入りの物に入れ替えたりしていきたいです。

2015年 10月 31日

家族が暮らしやすいように変える

今までの冷蔵庫周り、スッキリとしてて満足していたのですが 1 、旦那がペットボトルのゴミを片付けてくれないという問題がありました。冷蔵庫横の袋に入れてくれれば良いだけなのですが、片付けてくれないということはやりにくいのかなぁと思いまして、とりあえず袋を手前にして捨てやすくしてみました。

あとはコップを洗ってはくれるのになぜか片付けてくれない問題。多分あとですぐ使うから出しておきたいとか思ってるんだと思います。なので取りやすいところにコップ置き場を作りました 2 。スッキリではなくなってしまいましたー。うーん。これはもう少し考えたほうがよさそうですね。ゴチャゴチャしてて嫌です。

1

2

2015年 11月 12日

面倒な家事をもっとミニマルに〈食事編〉

料理が正直面倒なんです。まあ結婚して子どもまでいるのだからやるしかないんですけどね。

献立を決めて、買い物に行き、調理をして、片付ける。面倒です。主婦はこれを一生やり続けなければいけないのですね。料理好きな人に生まれたかったです。

料理をする時間を短縮するために一番有名なのは作り置きご飯ですよね。しかし私はこの作り置きすら面倒でできませんでした。

そこで面倒でも毎日料理はしているのだから1食分作るところを2食分に増やして作り置きに回そうと思います。作る量は倍になりますが1から作るよりも断然楽になりますよね。まだやっていないのでどうなるかわかりませんがうまく行くといいなと思います。

2倍量を作るのなら大きめの鍋やフライパンが必要かも？

▶ 2015年 11月 13日

一日中部屋着をやめれば服が減らせる

私の服のパターンは、部屋着2セット、スーパーに買い物用1セット、お出かけ用2セット、毎日の散歩用にジャージ2セット（旦那のジャージを借りる）、7パターンです。

家ではずっと部屋着で、寝るときも部屋着です。朝起きたらきちんと着替えて身なりを整えて、キリッとした気分で1日をスタートさせたいと思うのですが、家事で汚れるのが嫌だったり、子どもと添い寝の必要もあったりで、部屋着で過ごしていました。

だけど、これからはちゃんと朝、普段着に着替えるようにしたいなと思います。夜も部屋着でなく、ちゃんとしたパジャマで寝るのです。すると服のパターンは、パジャマ2セット、普段着2セット、お出かけ用2セット、6セットに減らせるし、メリハリの付いた生活が送れそうです。パジャマと普段着をじっくりと考えて選ぼうと思います。

▶ 2015年 11月 21日

リビングの収納がスッキリしました！

1

2段目が何もなくなりました－。スッキリです。旦那の脱いだ服は主にこの場所で散乱していました。ここは私が洗濯物を畳むための場所なので本当に邪魔でした。それも解決したので気分もスッキリです 1 。

実は見えない反対側にいろいろ物を置いています 2 。薬と掃除道具とプレステと筆記用具です。割とよく使う物が取りやすいところにきてうれしいです。それにこうするとリビングから見ると隠れて見えません。息子のおもちゃを置いているので日中は開けっ放しですが、何もないように見えていいです。

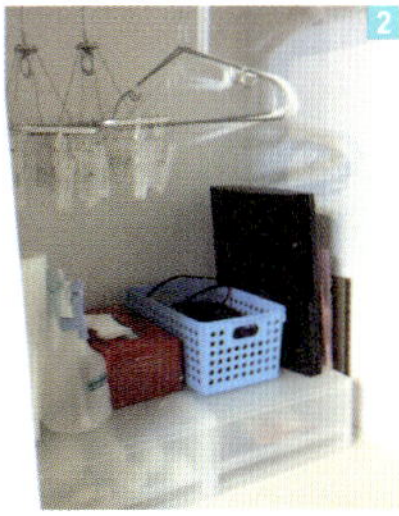

2

▶ 2015年 12月 11日

普段着は2パターンだけです

普段着は2枚とも無印良品のワンピース。あとポケットも必須です。2パターンだけで平日を過ごしているのですがそろそろ飽きてきました。違う服が着たい！というわけで少し増やす予定です。

少ない服のほうが管理は楽ですが自分の気分も大事ですね。ワンピースにしてしまえば、1枚でコーデ完成で服の量が少なく済むのですが、ワンピース自体に飽き飽きしている気がします。あと3パターン増やして平日毎日違う服を着るというのもいいかもしれません。

息子とリンクコーデというのにものすごく憧れています！ちょっと楽しみながら決めたいと思います。

▶ 2015年 12月 18日

みそ汁の具を1週間分冷凍

みそ汁の具玉を作りました。1週間分のみそ汁の具です。中身は白菜、人参、玉ねぎ、大根、ジャガイモ、さつまいも、きのこ、油揚げです[1]。1週間分まとめて切って食品用ポリに7つに分けて冷凍です。これで1週間、楽できるというわけですよ。

作るときは、お湯を沸かしてこの具を凍ったままドボンと入れて、火が通ったら、だしとみそを溶いて終わりです。たまに中華スープにしたり、コンソメスープにしたりも。毎日野菜を切って準備するよりずっと楽です。楽できる上に、普段より栄養もたっぷり。毎日同じ具で飽きてきたら、豆腐や肉、卵、ワカメなんかを足したりしてますよ。そしてネギは、きざんだ状態で売られている便利なパックを使用！これで具だくさんみそ汁完成です[2]。

▶ 2016年 01月 27日

食器の数を厳選すると家事が劇的に楽になる

前に使っていたのが割れたのをきっかけに無印良品のお茶碗や、「NHhomeラウンドプレート」など、7枚だけにしました。我が家で毎日使っている食器はこれだけ。おかずの種類が増えても、ワンプレートのように一緒に盛り付けしてしまいます。同じおかずでも豪華にボリュームがあるように見えますよ。一石二鳥です。

シンクにいっぱいのお皿を見ると洗いたくなくなってしまいますが、毎日7枚のお皿を洗うだけと決めてしまえば、おっくうに感じなくなってきました。7枚洗って、拭いて、収納にしまって、キッチンの台を全体を拭き上げたら、元通りのスッキリキッチンになります。5分もかからないぐらいです。調理中に出た洗い物は合間合間に洗って拭いてしまっています。全部後回しにしてしまうと大変ですが、ちょこちょこやっていれば苦になりません。この調子でいつかはお料理大好き主婦に変身したいと思います！

▶ 2016年 03月 18日

部屋着としても優秀な普段着を見つけた！

部屋着のようにリラックスできる服、ようやく見つけました。こちらのサロペットです1。しまむらで3000円でした。すごくストレッチが柔らかくてリラックスできます。着たまま寝られます。しかも安いので、汚しても傷んでも気になりません。息子の外遊びに午前中一回、帰ってきてお昼寝をして、午後にまた一回と毎日出かけています。その度に着替えていました。お昼寝中は私もリラックスした格好で添い寝をしたい、あわよくば一緒に寝てしまいたい2。この服のおかげで着替えることなく快適に過ごせます。寝られます。

快適過ぎて毎日この服を着てしまいそうです。飽き防止のためにルームウェアとしても使える普段着をあと2パターンぐらいは探したいところです。

1

2

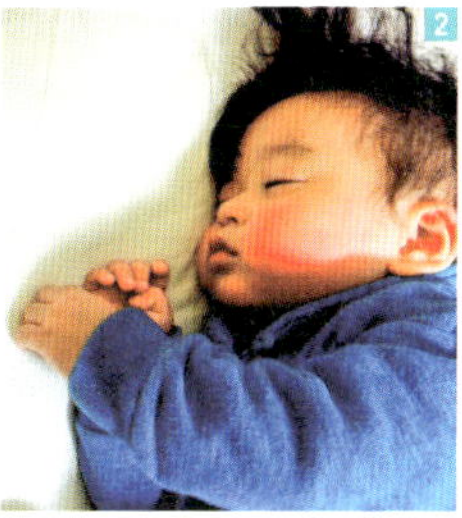

19

牧 里沙さん

Risa Maki

足りないものは自分で作れないかな?と考えます。

Instagram user name「r*」
https://www.instagram.com/nria_s/

千葉県浦安市在住、主婦（週3回クリニックに勤務）、31歳。子どもと共に楽しみ、成長していく暮らしができたらといいなと思います。たくさんの光が注ぎ込む2階の南向きリビングで、休日は家族でゆっくりと過ごす時間を大切にしています。

▶ミニマル&シンプルな暮らしを楽しむ工夫

衣　子ども服が好きなのですが、好きなブランドのものだけを厳選して購入します。理想のカタチが見つからないときは、自分でミシンを動かして作るのも楽しみです。

食　季節の旬の素材をできるだけ取り入れて食を楽しみたいと思ってます。母のつくる野菜が一番大好きですが、田舎の直売所などに足を運ぶことも多いです。

住　足りないものは、まず自分で作れないかな？　と考えるのも楽しみです。今は子ども中心の家づくり。成長と共に家も少しずつ変化するのを楽しみたいです。

家族構成
夫（31歳）、長女（5歳）、次女（2歳）

理想とする暮らしについて
時間をかけて自分の好きなものをひとつひとつじっくり選び、また作って楽しむ時間を大切にしたいです。

▶ 2014年 10月 13日

ダイニングテーブルはDIYで♥

ダイニングテーブルは、DIYで。木材屋さんで自分好みの天板を買ってきて、オイルを塗り塗り。アイアンの脚は夫が図面を書いて、鉄骨屋さんにオーダーしました。
欲しいテーブルに近い感じで、ローコストに仕上がってよかったです！　よく見ると自然の木なので歪みもあるんですが、それもまた良いのかなと。オイルを塗ったりして、時間と共に良い味を出していってくれるのが楽しみ！　奥の椅子は娘用のIKEA。

2014年 10月 14日

キッチン片付け

やっとキッチンが片付きました！！汚なくなる前にパチリ。

1年前に新築してからとにかく無駄な物を増やさないよう、必要なものだけを買い足し、断捨離していくようにしています。

「出したものはあった場所へ返す」を合言葉に！　育児をしていると忙しさを言い訳にして、物を出しっ放し置きっ放しにして汚くなるので、リモコンひとつにしろ、できるだけ棚の中へしまうことを心がけたいです。

2014年 12月 17日

年末の大掃除ぼちぼち

毎日使う場所は、朝の5分間のちょこっと掃除を心がけて。と思ってもやっぱり汚れてきますー！

センスがなくて、見せる収納が苦手なので生活感出るものはしまってます。でもこの時期のハンドクリームは付け忘れないようにあえて出しときます（笑）。

2015年 05月 22日

オムイチでゴロゴロ……

七三分けオムイチ。はーい！　ってポーズ。でも服は着てくれない……。

シーツを替えたあとはいつもゴロゴロしています。気持ちいいのは赤ちゃんでもわかるんですね。

2015年 05月 29日

ペールグリーンのビーサンで初夏らしく

雨が止んだからビーサン。ペールグリーン大好きです。この季節は特にこのカラーが好き。珍しくデニムを履いてくれました。Tシャツは、「ANYplace」(http://anyplace-jp.net/)ここのお洋服、作りがしっかりして好きです。帽子はGap。40%OFFだったからビーチ用に。海で流されても後悔なしでいいかなって思って買いました。

2015年 06月 27日

室内ブランコで乗り切る

梅雨と暑い夏休みは室内ブランコで乗り切れそうです。

意外と簡単に夫が設置してくれました。木材屋やホームセンターにある材料で作ったそうです。子どもたちは楽しんでる様子。大人の私も楽しんでます(笑)。

2015年 07月 13日

生活感を抑えるために

ふと見たらよじ登ってる……目が離せない1歳5カ月。

うちは子どもたちが広いリビングで走り回れるよう、できるだけ家具や物を置かないようにしようと心がけています。収納は備え付けの棚に全て納め、テレビも壁掛けに。家電用品もモノトーンでできるだけ統一して生活感を抑えています。木のぬくもりと少しの緑、季節のお花を飾って、自然を取り入れることを忘れないように。

2015年 07月 29日

洗面所で行水

汗っかきなのでここで行水が日課。裸ん坊、すっぽり入れちゃうのも期間限定だから、今のうちにこの光景を楽しみます。

洗面台は造作で、ボウルとかいろいろ迷ったけど、私がズボラで顔とか豪快に洗うし、水跳ねがすごいから大きいシンクにしました。ｔｏｔｏのもの（病院とかで使われるような実験用のもの）。水栓は海外のものを購入して造ってもらいました。

2016年 02月 08日

ずっとお気に入りのブラウス

新しい春夏物もいいけど、やっぱり特別なお気に入りをずっと着せたいのです。

本人がお気に入りだからまたうれしい。子どもは着心地とか動きやすさが一番大事だと思うのです。

幼稚園に行くようになると、好きなものを着られる日も限られます。着せたいものがいっぱいあるけど、厳選していかなきゃです。

2016年 03月 03日

ゆずのシンプル・レアチーズケーキ

ご近所さんからいただいたゆずを使って。果汁にお水と少しの白ワインで煮立てて、ゼラチンで固めたものと、レアチーズで層にするだけです。レアチーズにもゆず果汁を少し加えるといい香りでおいしいです。

１００均で売ってた、ピンクのシュガーパウダーをかけて。シンプルでかわいい。

仕事から帰宅して、バタバタ大急ぎでの準備でした。

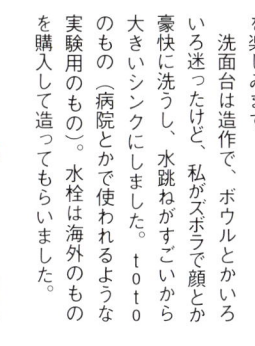

20

成瀬 聖子さん

Naruse Seko

量から質へ。本当に必要な物を見極めたい。

Instagram user name「seko」
https://www.instagram.com/SEKOO102/

この4月から通算6年の育休を終え仕事復帰をします。この6年の間に3人の娘が産まれ、家造りをし、現在の家での暮らしが定着しました。これからガラッと変わる生活のリズムに慣れるまでがたいへんだな、と思っています。昔、質より量だったことが量より質になったと思います。本当に必要な物を見極めて、片付けをしていきたいです。

▶ ミニマル&シンプルな暮らしを楽しむ工夫

衣 流行りすたりのない、シンプルな洋服が好きで、長く着られるものを厳選して買うようにしています。

食 コーヒーが大好き。淹れるのは得意じゃないけど、道具を広げて、豆をカリカリ挽いて、お湯を沸かして、泡がプクプクとなるのを見て癒やされています。

住 シンプルな形の中に子育てがしやすいように考えました。今は子どもたちとの時間をなるべく優先することを大切にしています。自分たちのやりたいことがあるは、どう上手くつなげて、みんなが楽しめるようにするかや、子ども達のやりたいことをのばせるようにと考えています。

家族構成
主人と3姉妹（6歳、4歳、2歳）の5人家族

理想とする暮らしについて
スッキリとしている中にも、必要なものは揃っていて、時間を豊かに使える暮らし。

▶ 2014年 03月 17日

白い靴が好き

夫婦揃って白い靴が好きなんです。白い靴、どれも使いやすくていいですよ。汚れるの覚悟ですが、スニーカーは白に限りますね。

▶ 2014年 05月 14日

ワイングラス以外はこれ一本

「iittala（イッタラ）」の「Aino Aalto（アイノアアルト）」タンブラー。ド定番のグラス。わが家はワイングラス以外はこれ一本です。麦茶も、ジュースも、アイスコーヒーも。持ちやすくて、丈夫なので、ずーっと使っています。

▶ 2014年 05月 21日

シンプルで何にでも合う食器

シンプルで何にでも合う食器。ということで、わが家の定番。「iittala（イッタラ）」の「Teema（ティーマ）」。

時々、シンプルすぎて、あと一品何か添えなきゃーと焦ることも!? それでも、和食、洋食、中華……何をよそっても、料理をおいしそうに見せてくれる気がします。

▶ 2014年 12月 19日

白がいっそう白くなる石けん

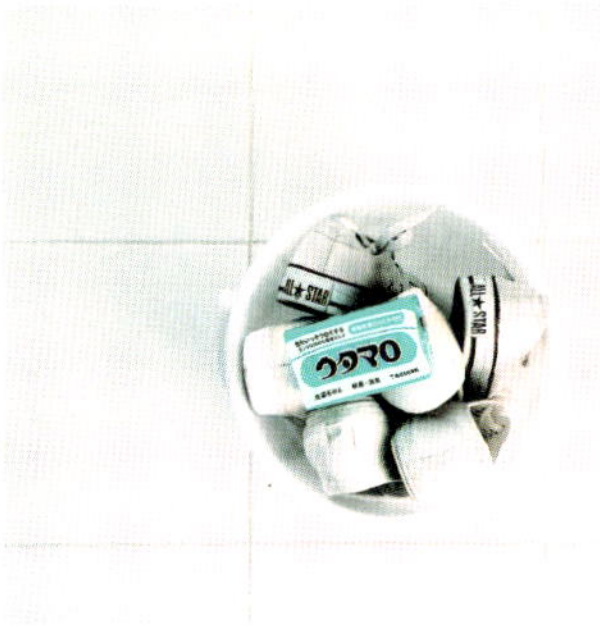

薬局にて。「白をいっそう白くする」の言葉にひかれて、「ウタマロ石けん」購入。

白スニーカー洗うぞー！　と集めてきたものの、やっぱり外は寒いしなー……と、ひるんでいるところです。

もう少し、暖かい日にしようかなぁ。

▶ 2015年 01月 20日

今年の目標は時間を上手に使う

今年の目標は時間を上手に使うこと。今日は、いつもより1時間早起きしました。

朝がとても苦手ですが、続けてがんばりたいです。

いつもはバタバタしている時間に、一息ついて日なたぼっこ中。ピッチャーはIKEAのです。

▶ 2015年 01月 25日

洗面所を片付け

洗面所。冬の間はニット等、毎回は洗わない衣類があるので、カゴに一時置きしています。

ほんとは毎日リセットしたいのですが、なかなか習慣付かず、カゴにモリモリにたまってから片付けています……。今日は片付けました。

▶ 2015年 02月 17日

お風呂をゴシゴシ

雨降りひきこもりday。子どもたちのお昼寝中、特にやることもないので、無心にお風呂をゴシゴシ。……は！　そういえばあれもこれも……やることいっぱいありました……。

水回りは主人のこだわりで作ったので、最初は慣れない感じでしたが今はお気に入りです。写っていない背中側には子どもたちのおもちゃが散乱して生活感ありまくり……。

2015年 03月 25日

お友達待ち

お掃除完了。お友達待ちの、午前10時半。まだかなぁ?と言いながら、大好きな『モンスターズ・インク』を見ながら待つ姉妹。今日は高校からの仲良しがわが家に集合しました。
途中、長女の体調不良で保育園からの呼び出しがあったりと、少しバタバタしましたが、楽しい時間を過ごせました。帰ってきた長女はすぐに妹たちと一緒に昼寝をしてくれたので、今はスッキリしているようです。

2015年 06月 08日

月曜日の喜び。

月曜日の喜び。昨夜、主人が作ってくれたラザニアの残りのボロネーゼソースでパスタ。チンしてかけるだけ! 月曜日は、だいたいおいしい残りものがあるのでうれしいです。

2015年 06月 17日

紫陽花の水替え

紫陽花（あじさい）の水替えしよーっと。
茎の真ん中にあるワタワタをホジホジしたら、ほんとに長持ちしてくれて、毎朝うれしい。茎をナナメに切るか、縦に割って、白いワタワタをかきだすだけ。
合言葉はワタワタホジホジジュージュー。ジュージューはめっちゃ焼いていいみたいですよ。あ、茎だけね。

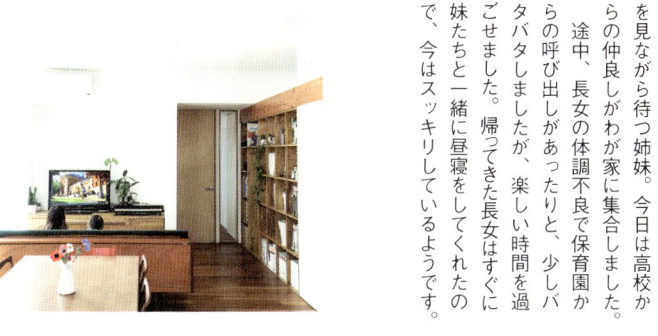

2015年 08月 24日

2階を掃除

空調がないため、夏の暑いときや冬の寒いときには、ほぼ、寝るときにしか上がらない2階。掃除や片付け、インテリアもおろそかになりがちです。

ダニ、ハウスダストのアレルギーを持っている長女。すぐ症状に出るので、バロメーターになっています。今日は夏風邪で熱が出てしまい、病院へ。ついでにアレルギーの話を少し聞いてきました。症状が出る前にもう少し、私たちが気を付けてあげられることもあるのではないかと思いました。

というわけで、シーツを洗って掃除、掃除！

2015年 09月 30日

ワンポットパスタ

今日の昼ごはんは前からやってみたかった、「ワンポットパスタ」。鍋ひとつで作れるのです。冷蔵庫にあるもので、ということで、具材の貧相さはいなめませんが、このまま鍋に水を入れてグツグツするだけ！簡単にパスタができました。

ソースとパスタを別々に作っても、さほどおいしく作れない私なので、これで十分でした。三女とふたりだけのランチに、これから何度も作ってしまいそうです。私はケチャップと水、コンソメ、オリーブオイルを適当に入れましたが、おいしかったです。

2015年 10月 09日

誕生日ブーケをドライに。

誕生日ブーケをドライに。1週間生花で楽しみました。ドライフラワーにするため、海で拾ってきた流木に、ドライになりそうな花もならなさそうな花も、とにかくくくりつけました。花器に生けてあるのもいいけれど、こうやってつるしてあるのも、やっぱり好きだなー、と。あとは、きれいにドライになってくれるのを願うばかり。

思い出の花が少しでも長く楽しめますように。

▶ 2015年 11月 26日

初めてパンを作りました

初めてパンを作りました。途中、2歳の三女が手伝いたいと言うので、ガス抜きの過程で、パン生地にパンチしてもらいました。

その後、発酵中のふきんをめくって様子を見て、つぶやいているので、聞き耳を立ててみると「泣いてないかなぁ?」なんて心配していました。たくさんパンチしちゃったのが気になったようです(笑)。

今は部屋がパンの良い匂いに包まれて、幸せです。

▶ 2015年 12月 19日

オーロラコーヒーの箱を収納に

手つかずのパントリーの片付け。月1で届く、自家焙煎珈琲豆「オーロラコーヒー」の箱が、細々したものをポンと入れておくのにぴったりで、パントリーで大活躍。

一番手前には、届いたばかりの良い香りのコーヒーたちが入っています。

今日は夕方から、わが家で、娘のお友達一家と恒例のクリスマスパーティーです。

▶ 2016年 02月 23日

ブーケの水替え

ブーケのバランスを崩したくないので、ガシッとつかんで、片手で水替え。ブーケに入っている沈丁花(じんちょうげ)がいい香りで、春を感じます。

今日は次女と三女が4月から通う保育園へ行ってきました。圧倒され気味なわが子たちに、心配をついつい顔に出してしまう私ですが……きっと大丈夫! と、自分に言い聞かせる日々です。

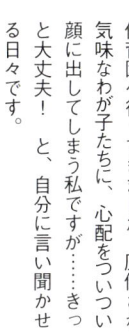

21

coyukiさん

coyuki

「*Little Home*」
http://littlehome.jugem.jp/

Instagram user name「こゆき」
https://www.instagram.com/coy_uki/

シンプルで風通しのいい暮らしを続けたい。

愛媛県に住む45歳の会社員です。結婚前からほぼ正社員で仕事を続けてきました。1日外に出ていると家に帰ってきたらホッとします。なので家ではゆっくりのんびり心地よく過ごせるように、家事の負担を楽にするちょっとした工夫を取り入れています。これからも愛情を注げるほどの“好きなもの”を持ち、シンプルで風通しのいい暮らし作りを続けていきたいと思っています。

ミニマル&シンプルな暮らしを楽しむ工夫

衣　1年サイクルで買い替えてもOKと思うようになりました。“もったいない”にとらわれず今着たいと思う服を楽しんでいます。

食　食が細いので、体調や気分で献立を決めます。食材を無駄にしないようにまとめ買いをするよりは小まめに買い物をしています。

住　私と娘がくつろげる部屋にすることが常にテーマです。どんなに散らかっていたとしても15分で片付けられる仕組みにしています。

家族構成

私と娘（22歳）のふたり暮らしです。

理想とする暮らしについて

無理したり頑張ったりしなくても流れるように心地よく過ごせる暮らしです。

2014年 05月 14日

洗剤の種類【トイレ編】

我が家のトイレ掃除は、クエン酸水（200ccの水にクエン酸を小さじ1杯）が入ったスプレーボトルこれ一本！

【毎日】クエン酸水をスプレーし、便器の中をブラシでゴシゴシ。次にトイレットペーパーにスプレーし、便器外側と床をササーッと拭く（※プラスチック部分は中性洗剤のほうがいいそうです。私は自己責任で使っていますが）。

【週に一度】便器の中に重曹をふりかけ、上からクエン酸水をスプレー。するとシュワーッと発泡します。あとは毎日の掃除と同じ。次にダスターで、トイレの隅々まで水拭きします。タンクの手洗いはアクリルたわしで。

【月に一度】便器にトイレットペーパーを置き、上からクエン酸水をスプレー。ピッタリと便器のフチにくっつけ、しばらくおいてからこすり洗い。

ある職場にいたとき『掃除に学ぶ会』というものに参加したことがあります。ここでトイレ掃除の方法を教えてもらい、いい経験をさせてもらいました。

▶ 2014年 05月 24日

セスキ炭酸ソーダでナチュラルクリーニング

我が家のキッチン掃除になくてはならない存在になったセスキ炭酸ソーダ。スプレー液は水500㎖に対して小さじ1程度（私はもうちょっと多め）を溶かして使います。重曹よりも水に溶けやすく、スプレーにしても詰まりません！ この薄め液でいろんな場所の掃除ができます。

油・タンパク質の汚れに強いのでキッチン周りには最適！ 五徳や、コンロ周り、シンク、排水口もスプレーして少し置いてから、マイクロファイバーふきんやアクリルたわしでこするだけです。オーブンレンジの扉もキレイに。ただし、白木・アルミ素材はNGだそうです！

▶ 2014年 05月 27日

クエン酸でナチュラルクリーニング

クエン酸は使い道がたっくさんあるんだけどそんなにお掃除がマメなわけではない私でも取り入れられてるほんの一部をご紹介。

●排水口（キッチン・お風呂・洗面台など）やパーツ／重曹をふりかけ、上からクエン酸水をスプレー。発泡して、しばらくしたらお湯で洗い流す。

●水栓金具などの水あか取り／スプレーし10～15分ほど放置。マイクロファイバーふきん・アクリルたわしなどでこすって洗い流す。

●電気ケトルの洗浄／満水ラインまで水を入れてぬるま湯にして、クエン酸を入れて混ぜる。沸騰させて2時間置く。お湯を捨て満水ラインまで水だけを入れ、沸騰したら湯を捨てる。

他、コーヒーメーカーの洗浄にも。

▶ 2014年 07月 03日

お風呂掃除～毎日・大掃除

【毎日】マイクロファイバーダスターで、イス・湯おけ・浴槽の内外・壁・ドア・床・蛇口などをクルッと一周洗っていく感じ。このダスターは洗剤なしでも汚れが落ちます。次にカビ防止として室温を下げるためにシャワーで水を回しかけます。最後は同じダスターをギュッと絞って、蛇口と浴槽の外側だけ拭き上げています。

【週・月に一度】排水口掃除。重曹を割と多めにドサッと振り入れて（100ccぐらい）、上からクエン酸水をダーッと流し込みます。発泡するので、少し放置してから古歯ブラシ等で磨き、流します。蛇口、ドア・ラックの掃除もクエン酸で。

【半年に一度】浴槽の下&エプロンの裏側の掃除、床磨き。

この1年でお風呂掃除のやり方がなんとなく決まってきました！

▶ 2015年 05月 06日

洗面所のアイテム

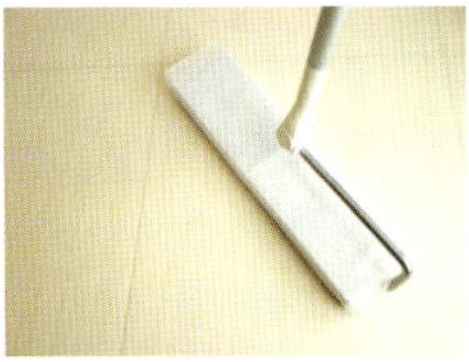
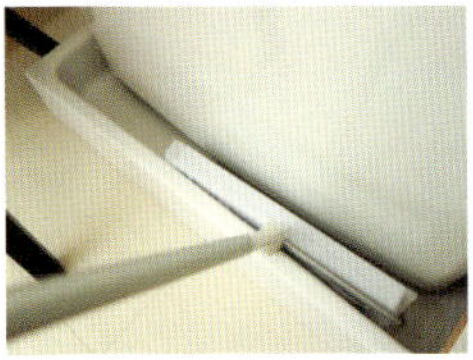

洗面所に置くようになったフローリングモップ。「アイリスオーヤマ 4面ヘッドフローリングモップ」。その名の通り4面使えます。シートを装着したらそのまま……くるっとひっくり返してこちらの面も使えます。
狭い隙間にも入り……洗濯パンの隙間にも入ります！

▶ 2015年 06月 05日

カウンターの上

家にいるといつの間にか乱雑になるカウンター上1。便利だからついついキッチン側からもテーブル側からも置いてしまう……2。リセットついでにカウンター上に置くものを絞ってみました！3 殺風景な気もするけど一度この状態で過ごしてみて、しまってしまうと不便になるものがどれほどあるのか試してみようと思います。でもこうしてみるとあまりにも寂しいので、お花でも買ってきましょうか（笑）。

▶ 2015年 06月 27日

後回し癖を利用した片付け方

私は小さいころから後回し癖があります。最近、いっそそんな癖を利用した家事のやり方もあっていいのではないかと実験中。
夕食後、食器に水を軽くかけて放置。食器の汚れが浮いて洗いやすくなったら食器洗い。済んだら拭くのを後回しにして入浴1。入浴後、食器をペーパータオルで拭いてラックの上で乾燥。使ったペーパータオルでコンロ周りの掃除2。そして浴室掃除に戻ります。浴室も水気が少なくなって拭き上げがラク。その頃には乾いた食器を棚に戻して3完了です！ 朝起きたらピカピカのシンク4。さて今日も頑張ろう！ と思ってる自分をイメージしながら片付けるのでした。

2015年 06月 28日

仕上げの拭き上げがしたくなるスイッチ

お風呂から出る前に掃除をして、スクイージーでササーッと程度に水分を取ります。そのときに、あとから仕上げの拭き掃除をしたくなるスイッチを仕掛けておきます。それが写真の状態1。シャンプーボトルやラックなどをこうしておくとどうやら私はお風呂を拭きあげたくなるみたいです（笑）。正直面倒だなぁというときもあって、「今日ぐらいはいっか！」と歯磨きをするために洗面所に来るんだけど、この光景が目に入ったらなんだか拭きあげたくなってしまうという……（笑）。愛用の道具は「Tidy（ティディ）スキージー」と、ニトリのマイクロファイバーふきんです2。

2015年 06月 30日

洗面所のアイテムチェック

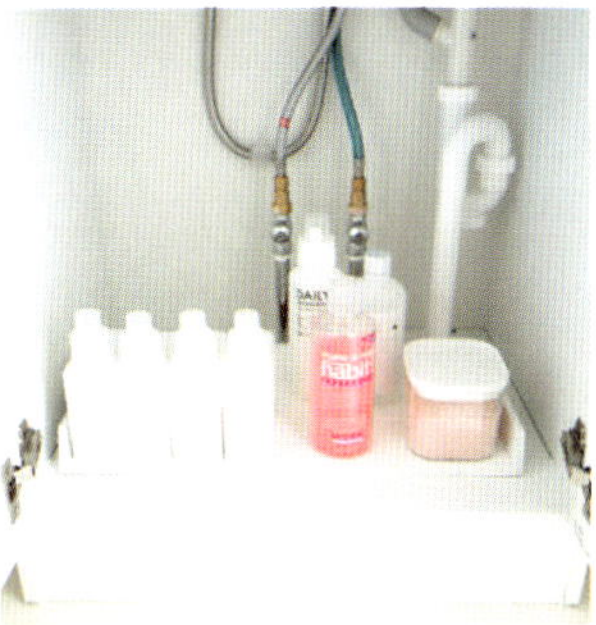

このスペース、ほぼ散らかりません。たまに雑誌が置きっ放しになってるぐらいです。なのでいつでもゴロゴロできます。モノがないと片付けなくていい……って言葉が頭の中をグルグルしてました。洗面台収納を見直しました。我ながら今までで一番スッキリ。

ピンクのローズソルトが存在感ありますけど……ね。肩こりがつらいときとかこれを入れてゆっくり入浴すると翌朝には楽になってる気がします。

2015年 07月 16日

洗面台のアイテムと清潔感を保つ流れ

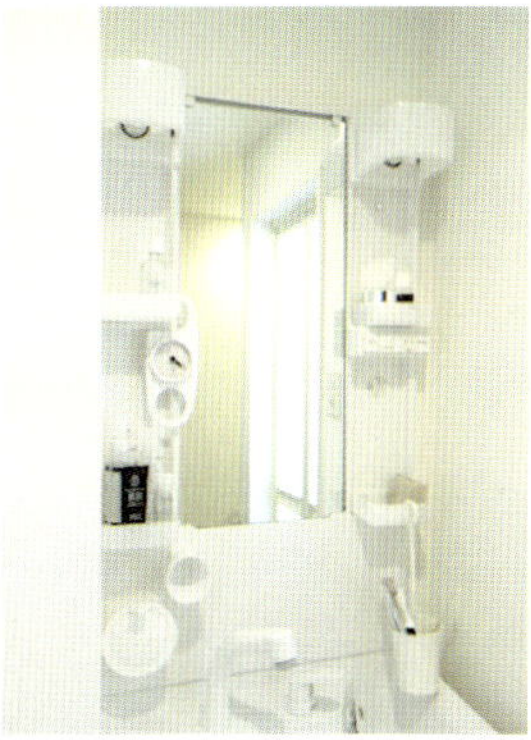

ここのお掃除は夜、お風呂掃除をしたあと、流れでしています。まずはお風呂の掃除をして拭き上げます。そのとき使ったマイクロファイバーふきんを洗面台で石けんを付けて洗い、そのまま洗面台も洗ってしまいます。最後、洗い流したら固く絞ったそのふきんで洗面台の水気を拭き取って完了。

毎日これをしてると朝使っていて掃除をしないまま人が遊びに来たとしてもほとんど汚れてないので大丈夫。ササッと拭いたらピカピカです。でも。残業が続いたり、体調が悪かったりしたらもちろん放置です。それでもそんなに汚れはたまらないので、すぐきれいになるから大丈夫！と思ってさぼります。完璧ではないのが私です（笑）。

▶ 2015年 11月 02日

ゆるめのお風呂掃除

お風呂掃除は以前記事にしたことがあるけど方法はずっと変わらずです。

ただ体調が悪いときなどは無理をしないでさっと汚れを流しておく程度。そんなときふと気付きました。

2～3日くらい100％の掃除をしなくても案外きれいなもんだな……なので最近は仕事の日はマイクロファイバーふきんでさっと汚れを流す程度。蛇口周りと……浴槽周りだけ、洗うのに使ったマイクロファイバーふきんを固く絞って軽く拭きます。100％の掃除をするのは休みとかその前日だけ。それでも気持ちのいい浴室は維持できている……と思う……（笑）。

▶ 2015年 12月 13日

毎日のコンロ周りの掃除

毎日、五徳を洗う生活です。食器を洗い終えた最後に、外して洗っています。一見面倒に思えるけど、毎日やっていると汚れがこびりつかないのでむしろ食器よりも汚れていないかも。ゴシゴシこすることもなく洗剤の泡を乗せる程度に軽く洗うと、十分きれいになります。

面倒くさがり、先延ばし癖があるのにきれいにしておきたい性分の私。「ま、いっか！」と思い続けるよりも、毎日ついでにできる程度の作業をして、いつもきれいなガスコンロで料理ができるほうが気分的には楽。私にとって一番ベストな方法でした！

▶ 2015年 12月 18日

片付かない原因は紙類

気付くと、中途半端に悩ましいモノや書類とかが積み上がってしまう紙類……。私のマイルールはこんな感じ。

【DM・チラシ・手紙】部屋に持ってきたらすぐ、不要なものは紙ゴミ入れへ。必要なものは一時置き場に。夜家計簿をつけるときに手帳や、保管場所へ移動。

最近、保管書類用のファイルを、寝室から台所にキッチンの取り出しやすい場所に持ってきました！ つい後回しにしていたのが解消されるはず。

【雑誌】新しいものを買ったら、前号の気になるページだけ切り取ったり、写真を撮ったりしたあと、処分。

【紙袋】大きい紙袋はエコバッグで間に合うので、小さめのだけ5枚保管。

【1年に1度の証書類の見直し】毎年保険の控除証明書が届く頃、新しく届いた確認書を入れる代わりに前のモノを処分。取説やその他の保管書類も見返すと、「必要なかったな」と思うものもあります。

▶ 2015年 12月 28日

キッチン壁面の収納

先日久々に見直したキッチン壁面収納。無印良品の「硬質パルプボックス・フタ式・ストッカー」のふたを使って、カトラリー・小さめのお皿・薬関係を収納しました。

「硬質パルプボックス・引出式・深型」の中には、乾物類等・製菓道具・ドリンク類を。その下には、プラゴミと紙ゴミとアルコールや炭酸水などを。

引き出しの中のこまごまとした収納はもっとスッキリさせたいので何を〝定番〟にしておくかをじっくり考えてみようと思います。これが決まったら量も場所も確定できて買い物も在庫管理もさらに楽になる気がします。

▶ 2016年 02月 10日

思い出の品の保管

娘が保育園に行っていたときの連絡帳。写真と同じくらい大事な思い出です。先日、Seriaで買ってきた麻布でできているストレージボックスに収納しました。DVD・写真のデータ・ハガキなどもバインダーからこちらに移し変えました。これで思い出の品はバスケットに収まりました。

何度となく収納を変えているけどその度に残しておきたいものとそうでないものが変わっている気がします。

昨年は絶対にいると思っていたものが今年見てみたらなんで取っておいたんだろう？とか。でも手放して後悔したものはないのでこれからもその時々の自分の感覚を信じて持ち物を厳選していこうと思います。

写真も。どんなに小さく写っててもピンボケしてても残していたので、厳選してベストショットだけにしようかと思っています。

▶ 2016年 02月 13日

現在持っている服は、59着

持っている服を数えてみました。制服やキャミソールまで含めて59着。この量が私にとってコーディネートも収納もちょうどいいようです。

かけてあるもの以外は春夏用の服で引き出しひとつ分に収まりました。PPケース、今は空っぽの引き出しもあります。季節が変わったら冬用のアウターなどが入ります。

PPケースの引き出しには、衣類以外に、ハンカチなどの小物類、クリスマスグッズなど季節の小物、ミシンと裁縫箱。アイロンも入っています。

以前読んだ、やましたひでこさんの本の中に「クローゼットを新陳代謝させる」という言葉がありました。今回のクローゼットの整理はこの言葉に動かされています。

22

ともあんさん

tomo_an

子どもと楽しくミニマリスト的生活を模索中。

➡「こどもとミニマリスト生活」
http://kodomoto.hateblo.jp/

神奈川県在住の40代専業主婦です。まだ小さい子どもたちふたりと一緒に実践できる、ゆるやかなミニマリスト的生活を日々模索中です。

▶ミニマル&シンプルな暮らしを楽しむ工夫

衣　年齢が上がるにつれて似合うものが変わってきたので、その時々で一番きれいに見えるものを少数持つようにしています。自分の定番的なものを決め、あまり冒険しないようにしています。

食　子どもが小さいうちは、食事に時間がかかり、食べムラもあるので、あまりに凝ったものは作らないようにしています。素材もこだわらず、ごく普通のスーパーで手に入るものを。

住　子ども用の家具以外に、新たな家具は買わない。自分のやり方を押し付けず、家族が自然と「物がないっていいな」「片付いていると気持ちがいいな」と思える、心地の良い家になるといいなと思っています。

家族構成

夫、娘（2歳）、息子（0歳）

理想とする暮らしについて

旅行中のホテルの一室のように、自分の持ち物は最小限で、必要なものはその都度借りたり、シェアできるような身軽な生活。

▶2016年 01月 11日

子どもの本やおもちゃには手を出さない

ミニマリストを目指す私ですが、家族のものには基本的に手を出さない方針にしています。

私自身、小さいときに遊んだおもちゃのことはずっと覚えていますし、たくさんの本に囲まれて育った影響で、自分も無類の本好きになりました。

ミニマリストはあくまで大人の都合・生き方で、子どもから楽しく豊かな体験を奪ってはいけないのではないか、というのが私の考えです。ある意味、子どもやティーンエージャーなんて、欲しいものがたくさんあるのが正しい姿なんだと思うんです。

今、私が物欲からある程度の距離を置いていられるのは、昔たくさん欲して、手に入れて、手放して、その繰り返しを経てきたから。

子どもの身の回りは、できる範囲で楽しく豊かに。大人は最小限の小さな暮らしに。そんなスタイルが理想です。

2016年 01月 14日

スパイスラックを片付けて気付けたこと

今回片付けたのはスパイスラックです。新婚当初はいろいろと工夫をして料理を作っていましたが、子どもができるとガクッとスパイスの登場が減りました。処分したスパイスは、クミン、ナツメグ、オールスパイス、チリパウダー、パプリカ、ジンジャーパウダー……。

整理したあとは、上段に、顆粒の片栗粉、ホワイトペッパー、バジル、七味唐辛子、ラー油。下段に砂糖や塩などのストック。今使うものだけに絞ったら、もはやスパイスらしいスパイスはバジルだけ。専用の収納スペースがあるからといって、必ずしもそこを埋めなくてもいいんだなと気付けたのは大きな発見でした。

余白があるって気持ちがいいです。この余白こそがミニマリスト生活の醍醐味かなと思います。収納の中に余白ができたことで心の中にスーッと風が吹き抜けるような感じがする。これか！と思いました。

2016年 01月 17日

ミニマリストの部屋は瞑想に似ている

かつて私は、布団を片付けてしまえば、畳だけのガランとした部屋でひとり暮らししていました。その頃、友人から「瞑想」がとてもいいよと聞いて、私はその古いアパートで、ちょこちょこ瞑想をするようになりました。

目を閉じるか半眼にし、自分の呼吸に集中する。途中で雑念がわいてきたら、「今○○のことを考えてるな」とありのままを観察し、また再び呼吸に意識を戻す。心がザワザワした日も、何もない部屋で瞑想していると、とても心が安らぎ、静かに満たされていくのがわかりました。

今、ミニマリストの方々の部屋を見ると、自分の古アパートを思い出して、懐かしいような、清々しいような気分になります。ミニマリストの部屋は、ただ住むだけで瞑想しているような部屋だなあと感じます。

今現在、私の家でモノがなく、かつひとりになれるのは、唯一トイレくらいですが……。最近は上の子がドアの取っ手に手が届くようになり、ノックもなく「ガチャ」と勝手に開けられます。瞑想、できません。

夫と子どもと一緒に暮らす、新しい部屋のあり方は、まだまだ模索中です。

2016年 01月 18日

見習いミニマリストのカバンの中身公開

子育て中、普段よく持ち歩いているのはエルベシャプリエの舟型トートです。上段左から、オムツポーチ、舟型トート。中段は、息子の着替えポーチ、手袋、リップクリーム、カギ、抱っこ紐の収納用ケース（花柄）、ティッシュケース（水玉）。下段はハンドタオル、グミ、財布、娘の水筒。

以前はこの中にウェットティッシュやエコバッグも入れてたのですが、使用回数が少ないのでリストラしました。このご時世、何かあってもお店はいくらでもあるので、万が一困ったときのためにいろいろ持ち歩くのはかえって不便に感じます。「万が一」とはよく言ったもので、せいぜい100に1度程度の割合でしか起こらないような気がするのです。それでも持ち歩いてしまうのは、やはり自分が不安だから。不安を一度棚上げしてみると、子ども連れでも荷物は思いのほか少なくなります。

2016年 01月 22日

ストック整理、ほんの少しの手間でスッキリ

日用品や食品のストック。使いかけのものを収納するときに心がけている小さな習慣があります。

「ストックの余った部分をハサミで切る」。これだけのことですが、気分がかなりスッキリします。

これ、私の母がやっていたことなんです。出産手伝いで家に来てくれた母が帰ったあと、なんだか家のストックがスッキリしているなと感じたのはこれだったんです。

同じように家事をしていても、母の使ったあとの台所は、自分が使うよりも美しく整っている、そんな気がずっとしていました。

特別な収納の技術がなくても、細かいところで、印象はずいぶん変わるんですね。

2016年 01月 24日

100均グッズでコードやケーブル整理

ケーブル類、コード類、充電器。家電やゲームの付属品は、100円ショップの商品でまとめて整理をしています。コード類は、購入時は大体ビニールタイやプラスチックのバンドでまとめてありますが、すぐ紛失したり捨ててしまったりしています。結局、コードそのものを結ぶはめに。それが手間なので、100円ショップで買ったマジックテープの結束バンドに交換します。これは目立つし使いやすいです。まとめたものは、厚手のチャック袋に。ラベルを見なくてもわかるものにも、名前を書いておきます。名前の付けられないものは、用途不明品とみなして処分。今わからないものは、これから先もわかることはないでしょう。

整理したものは、無印良品のブリ材バスケットに収納します。家電周りはこのカゴひとつと決めて、これからも見直しをしていきたいです。

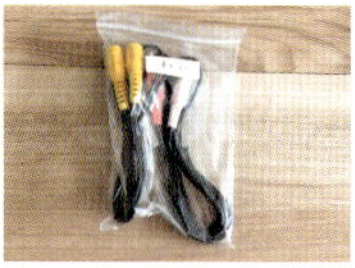

2016年 01月 28日

生きている食べ物だけで満たしていきたい

今日は冷蔵庫の中身をチェックしました1。整理整頓したらここまでになりました2。あんまりスコーンときれいにならないのですが……。

賞味期限の切れているもの、食べないまま放置してあるもの、使わなくなってそのままになった調味料。食べ物としては「死んでいる」状態のものばかりでした。

冷蔵庫の脱臭剤も処分しました。匂いのするようなものを長い期間放置してしまうのではなく、中身を小まめに見直していけば、脱臭剤がなくて困るようなこともないと思います。

風水では、冷蔵庫は金運に直結するとも言われています。そして食べ物は私たちの身体の一部となるもの。冷蔵庫という名のゴミ箱にしないためにも生きているもの、すぐ使うもので満たし、循環させていきたいですよね。

2016年 01月 29日

家をかわいく飾れない苦悩。もう迷わない

家をかわいい雑貨で飾り付けしている人をうらやましく思っていた時期がありました。私がやろうとすると……かわいくない。うまくまとまらないのです。それは、飾り付けられるほどの物量がなかったから。

お店のかわいいディスプレイ、実はかなりの物の量を必要とします。1個、2個ポツンと並べただけでは「絵にならない」のです。少ない雑貨では、店のようにかわいく見せることは到底不可能だったのです。

私はモノより空間が好きなタイプなんだと、今は思います。こういうタイプの人間に、近頃は「ミニマリスト」「シンプリスト」と名前がつくようになって、飾り付けられない自分もようやく市民権を得られたような、ホッとした気持ちでいます。

そんな我が家での数少ない飾りもの。マリメッコの生地で作ったファブリックボードです。

2016年 01月 30日

モノにこびない、遠慮しない

今日はキッチンツールを収納している引き出しを整理しました1。いろいろ入りすぎてて、出すたびにガチャガチャと当たる2。結局、4割くらいしか使えていませんでした。

今回処分した中には、ブランドのものや比較的高価なものもあり、捨てるには惜しいなという気持ちも正直ありました。でも、私には使いづらいものが多く、結局は引き出しに入れっ放しになっていました。

結局、モノそのものではなくブランドや値段に執着があったのですね。それは使わないモノにこびたり遠慮したりしていたのと同じこと。今回残したキッチンツールは、捨てたモノよりはるかに安いものもあります。でも、自分にとって使いやすければそれでいいんだと思うように。ブランドや値段に惑わされずに、身の回りを整理していきたいです。

2016年 01月 31日

心の中に「生涯の一品」を持つ

我が家の椅子。ハンス・ウェグナーの「Yチェア」です。独身のときからどうしてもこの椅子が欲しくて、「椅子ひとつにこの値段!?」と腰が引けている夫を説得して、結婚するときにダイニング用に3つ購入しました。「断捨離をつきつめていって、最後に残るモノは何ですか」と問われたら、私はこの椅子を挙げたいと思います。究極的には、自分とこの椅子と家族がいれば、私は幸せなのかもしれません。

Yチェアの座面は「ペーパーコード」という紙ひもを編んで作られたもので、これは大体5~10年で張り替えが必要になります。一度買っただけでは終わらず、定期的にメンテナンスが必要になるのは面倒といえば面倒ですが、私にとってはそれだけ手をかけても惜しくない椅子です。

2016年 02月 04日

食へのこだわりを捨てる

独身の頃、「身体にいいこと」を追求していた時がありました。無添加、無農薬、オーガニック。マクロビ的な食事。そういったストイックな日々は、それなりに楽しかったです。もちろん、無添加も無農薬も素晴らしいことだと思います。ただ、それを徹頭徹尾、家庭に持ち込もうとすると、コストも手間もかかります。

当時なぜそうしたことを追求できたかというと、私が独身で、時間もお金も自由だったからです。食へのこだわりは正直、暮らしの中心ではなく、お金と時間のかかる趣味程度に考えておくのが、私のようなタイプにはちょうどいいようです。特に子どもが小さいときは、近所で手に入りやすいもので、時間をかけずに調理し、笑って食べられればそれが一番ではないでしょうか。こだわりを小さくしたら、暮らしはもっと楽になります。

2016年 02月 08日

ダイニングテーブルにモノを置かない習慣付け

我が家はリビングと子ども部屋がひとつづきになっているので、子どもが起きている間はずーっとモノが散乱している状態です。上の子は2歳7カ月、おもちゃで遊びたい盛り。ビー玉のような細かいものの出し入れが大好きですが、お片付けはまだ上手ではありません。そういう毎日が続くとなかなか大人もストレスがたまります。

そこでどうにか、リビングダイニングにキレイな一角を保ちたいと目を付けたのがダイニングテーブルです。今までなんとなく置いていた事務用品などは全て撤去。食事のとき以外は、なるべくモノを置かないことに決めました。いつか娘も息子も、このテーブルで宿題をしたりするのでしょう。家族がいつでも自由に使えるように、美しく整える習慣を、今から身に着けたいと思います。

2016年 02月 16日

片付けは、家の中と人生の棚卸し

小売店で仕事をしていたとき毎月末に棚卸しがありました。商品を全て数え、在庫過多になっていないか等をチェックするのです。我が家は、表面上はきれいですが、これまで明らかに「在庫過多」でした。店舗でいえば、年中無休で営業し続けて、どんどん商品を増やし続けて、一度も棚卸しをしていないような状態です。

店舗では、売れていない商品は利益を生みません。そして家庭でも、使っていないモノは何も生み出しません。

私は毎日少しずつ、家の中の棚卸しをするようになりました。店のように全てを数え上げはしませんが、それでも少しずつ、例えばひとつの引き出しでも、向き合えば、必ず古いもの、使わないもの、無駄なもの、捨てるべきものが見つかります。

片付けとは家の中の、そしてそれまでの人生の棚卸しだと思うのです。

2016年 02月 20日

ごちゃごちゃした文房具の整理整頓

今回は、文房具類を整理しました。なぜかたくさんあった印鑑ケースを始め、不要なものを選別していきます。今回試し書きをしたら書けなくなっていたペンも多数出てきました。残ったものだけ新しいトレーに。無印良品のデスク内整理トレーの中に収めました。左側がペン、真ん中にハサミやホチキス、右が印鑑ケースその他です。正直もう少し減らせるかなとも思ったのですが、意外と残りました。

無印良品のデスク内整理トレーだと、ひとつひとつが独立するので、トレー内がごちゃつくことがありません。整理整頓の原理原則、モノの定位置を決めることができました。

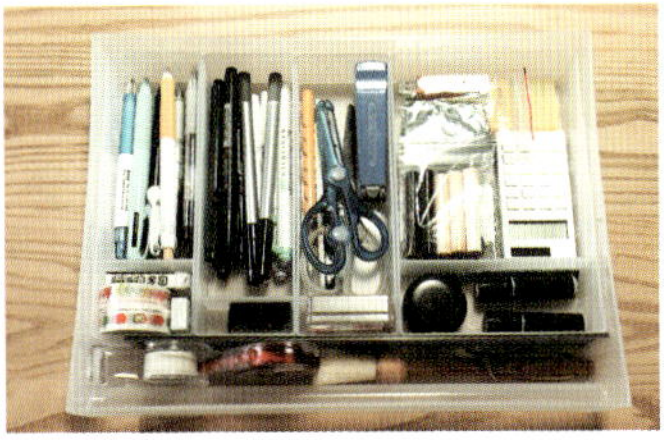

2016年 02月 27日

ミニマリストのヘアケア

特に誇れるような美容情報は持ち合わせていないのですが、そんな中でももう10年くらい使い続けているのが、マークスアンドウェブのハーバルオイルです。

軽いツヤ出しと保湿のために、乾いた髪に少量伸ばしています。ヘアワックス、ヘアクリームなどのベタベタ感が苦手なのですが、かといって何も付けないとパサパサした印象になってしまうので、選んだのがこちらのハーバルオイルでした。ホホバオイルにエッセンシャルオイルで香りづけをした、ごくシンプルな処方なので、手にも顔にも使えます。この何にでも使える、ごくごくシンプルなオイルが、ミニマリスト的な暮らしにもぴったりマッチしているのでしょう。きっとこの先の10年も、変わらず使い続けている自分の姿が想像できる、そんな一品です。

23

crispy-lifeさん

crispy-life

シェアハウスで身軽にミニマルに生きる。

「カリッとした毎日。」
http://crispy-life.com/

東京都在住40代フリーランス。ひょんなきっかけで40過ぎてからスーツケースひとつの荷物だけを手に国内外を転々とする生活を送りました。その結果、モノや定住に対する執着がすっかり薄れてしまい、これからの人生をいかにシンプルに、いかに身軽に生きていくか？ を模索するように。

▶ミニマル&シンプルな暮らしを楽しむ工夫

衣　むやみに新しいアイテムを買わず、手持ちのアイテムをいかに今の気分で着こなせるか、活躍させるかにハマっています。

食　食材はストックせず数日で食べきれる分だけ購入。使用頻度の低い珍しい調味料や「◯◯の素」は使いません。

住　定住意識が希薄なのでこれからも移動しながらいろいろな街で暮らしたいです。

家族構成
ひとり暮らし

理想とする暮らしについて
いつどんな状況でも機嫌よく暮らせることが一番大切。住まいや環境が変わっても、すぐに自分らしく落ち着ける空間を作り上げたい。

▶ 2014年 07月 03日

40代の私がシェアハウスを選択した理由。

私は現在都内のシェアハウスで生活しています。私はしばらく海外で暮らしており、収入も現地通貨が大半を占めていました。今年の春、しばらく続けていた仕事の契約が終了して帰国したので、都内でマンションを借りようとしたところ、見事に全ての不動産屋に門前払いを食らってしまいました。その理由は「サラリーマンではない」ということと「前年度の日本円の収入証明がない」ということ。そんな厳しいの？ 日本の賃貸って……。そこでひらめいたのがシェアハウス。

一般賃貸に比べて審査もゆるいし、なにしろ初期費用が安い。今後ずっと住むかわからない部屋に、初期費用をかけるのはもったいないとも感じていました。結果、気になった物件を見学してみて、そのあまりの条件とコスパの良さにあっという間に契約してしまいました。私のように定住志向がない、国内外問わず移動生活を続けたい、そして何よりモノを減らしてシンプルに生きたいと考える人には、年代問わずおススメできます、シェアハウス。

2014年 07月 04日

コスパが高い、シェアハウス暮らし

現時点ではシェアハウスに住むデメリットをメリットがはるかに上回っている、と感じています。

まず、コストパフォーマンスの高さ。好立地のシェアハウス物件の家賃は安くはないですが、単身者用賃貸では絶対に手に入らない広いキッチンやテラス、水周りやリビングが使えるのは高ポイントです。そして共用部分の清掃管理は管理会社にお任せ（私が住んでいる物件はそうです）。キッチンや水回りの掃除から開放されます！　また、気軽に入退去できるのも、定住志向の希薄な私にとって大きな魅力です。

これ以外にも、限られたスペースで生活する工夫をせざるを得ないことや、共同生活なので、共用スペースを汚したままにしない（＝できない）という習慣が嫌でも身につくこと。また、ひとり暮らしの寂しさがない、人間関係が広がる、といったメリットもあります。

住居とは個々で所有するもの、という凝り固まった価値観を外してみればシェアハウスは広い世代にとって利用価値の高い生活スタイルではないでしょうか。

2014年 07月 09日

選択肢過多（Choice Overload）　多くの候補から選べるのが幸せ？

「選択肢過多（Choice Overload）」というマーケティング用語があります。度を過ぎたバリエーションが用意されると選択肢自体が負担になって購買意欲が低下するそうです。

これは「服はいっぱいあるのに、どれを着ていいかわからない」という場面にも当てはまることかもしれません。断捨離ですっきりするのは、選択肢を減らすことで「選ぶストレス」を軽減できることも大きいのでしょう。

そして最近は、選ぶことさえしない、同じ服しか着ないという、『マイスタイル固定』派の人が増えているようですね。若いときたくさんの着こなし経験を重ねた40代、50代、60代なら、マイスタイル固定はアリなんじゃないでしょうか。私もいつか自分の定番スタイルを構築してみたいなあという憧れは持っています。既に着るものや自分スタイルの「路線」は確立しているので、もう少し先、60代くらいに完成できたらいいな。

2014年 07月 17日

失うモノがないと、心が軽く強くなる

40代独身女性定職なし。今、私は本当に何も持っていません。自慢できる肩書きも財産もなく、親密な友人も、共に生活するパートナーもいません。シェアハウス暮らしで住まいさえ共用です。最大の宝物は、風邪すら引かない強靭なこの身体だけ。

けれども今、自分が不幸だとは全く思っていません。だって今日もちゃんとおいしいご飯を食べたし、今夜寝るところもあるのだから。こんな風に考えるのは「あのとき死んでいてもおかしくはなかったな」と思える出来事に何度も遭遇したせいかもしれません。

私にも失うことを恐れて身動きが取れなくなっていた時期がありました。会社員として働いていたときは収入や生活が安定していたので「この暮らしを失いたくない」という一心でそれを守ろうとしていたのです。生活自体は楽しくなかったにも関わらず。今となってはその頃の自分の「恐れ」が不思議で仕方ありません。

年々「守りたいもの」が減っていっている状況にある私ですが、その分心は軽く、強くなっているとも感じています。

2014年 07月 24日

片付けられない子がミニマリストになったわけ

今でこそミニマリストへの道を着々と歩んでいる私ですが、もともとは片付けられない子どもでした。

最初の大きなきっかけは、地震。働き出してすぐ、震度7の地震に見舞われ、初めてモノを所有することに価値を見出す生き方に疑問を感じました。

20代後半になって転勤が多い部署に異動。「荷物が多いと引っ越しが面倒」と悟りました。そして40歳を過ぎて、ひょんなきっかけからスーツケースひとつの荷物を手に、日本を離れて暮らす生活を経験しました。家財道具や洋服などは東京のレンタル倉庫に保管していましたが、それらがなくても生活が成り立つことに気付き、ますます所有することへの執着が薄れていったのです。モノがなかなか減らせない……という方は、状況が許すならば「引っ越し」が一番現実的で効果的な方法だと思います。引っ越し準備ってホントに手間がかかるし面倒なので、やっているうちに「こんなに整理に時間かかるんだったら、捨てちゃったほうが早い」という気持ちになってきますからね。

2014年 11月 20日

モノを減らしても、人生は変わらない

モノを捨てたら人生変わる？

モノを大幅に捨てることで部屋や気持ちがスッキリする、掃除がラクになるという目に見える「効果」はありますが、突然人生がバラ色に「なる」かといえば、残念ながら、なりません。ただ、モノを減らそうという決意をきっかけにコツコツと身の回りを整理する行動を積み重ねることで、確実に変化は「起こせ」ます。

「変化を起こす」ほうが「変化を期待」するより、より能動的かつ現実的。断捨離した瞬間に人生が変わると思ってたのになんにも変わらなかった……なんてガッカリしている暇があったら、さて次はどんな行動を起こそうか？　とスッキリした部屋で計画するほうがゆっくりでも着実に人生を変えていけるのではないか。最近はそんなふうに考えるようになりました。

大切なのは、何を目標にシンプルな暮らしをするのか。その先にどんな人生を構築したいのか、を考えること。などと書いている私も偉そうに語る程人生の達人ではないので、この辺りのことは常に意識しています。

2014年 12月 15日

「自分へのご褒美」。ホントにうれしい？

そういや「自分へのご褒美」っていつ頃からあった風習？　私も昔はそれなりに「ご褒美商戦」に乗せられて、普段は欲しいと思わないブランドの服を買ってみたり、高級スパでのボディトリートメントコースを受けてみたり、なんてこともしました。今になって考えてみれば、当時私が欲しかったのは「経済力がついたことを目に見える形で確認すること」だったような気がします。これはある程度仕事を覚えた30歳前後の社会人が陥りやすいトラップではないでしょうか。

そこで本当に欲しいものを選べたなら何ら問題ないのですが、このブランドのバッグが流行ってるから、なんていう理由だけで「自分へのご褒美」を選んでいると、たとえどんなにいいモノを手に入れたとしてもどんどん虚しくなってしまいます。

ブランドバッグもジュエリーも必要ない今の私に考えられるご褒美は「おいしいもの」か「楽しい体験」。どちらも形には残らないけれど、「身」にはなるもんね。

2015年 01月 06日

最低限の調味料8つ!

料理、というか家飲みは私の楽しみのひとつ。私にとって最低限の調味料は……。

【1軍】塩/こしょう/しょうゆ/みりん（または、めんつゆ）/酢/酒/サラダ油/ごま油。基本的に白砂糖を使いません。今あるのは黒砂糖のみ。

【2軍】ポン酢/みそ/オリーブオイル

【3軍】ゆずこしょう/黒七味/からし/わさび/ナンプラー/ウスターソース

【番外編・調味料代わりに使える食材】塩昆布/梅干/ザーサイ/アンチョビ

これら1軍の8つの調味料を使うだけでも結構立派な献立が作れるものです。

むやみにモノを増やさずに自炊を楽しむための最大のコツは、「あるもので何が作れるかを考える」こと。

オール外食もラクだしモノが増えないのがいいけれど、自分好みのおかずや肴を作って食べたり飲んだりするのって、最高に楽しいですよ。

2015年 02月 28日

新しいことを始める、全然怖くない方法

去年の夏、毎日ひとつずつ何かを手放すというキャンペーンを実施しました。ええ、ひとりキャンペーンです。ちょうど引っ越し直後でモノを整理していた時期ということもありますがこの些細なイベントはそれなりに充実していたような気がします。自分の安全地帯を少しだけ広げて行動すると新しい発見があったり、成長につながったりすることもある。

そこで、3月から、毎日ひとつ何か新しいことをやってみようと思います。

例えば通ったことのない道を通るとか、今まで飲んだことのない銘柄の酒を選ぶ、とか、その程度の小さな行動や経験を毎日ひとつ以上。これなら新しく何かを始める、変えることに対する漠然とした「恐れ」はありません。さらには「新しいことを始めること」自体に慣れていって、大きな変化にもすぐに適応できる能力が高まっていく……かどうかはわかりませんが。

毎日何か「初めて」のことを探しながら暮らすのは、なんだかちょっと楽しくなりそうな気がしています。

2015年 05月 15日

洋服を減らせば幸せになれるのか

私は「少ない洋服でもおしゃれを楽しむことはできる」と考えていますが、これはそもそも自分が望むおしゃれって何？　ということを考えなければ答えは出ないのではないでしょうか。

現在の私は「おしゃれをすること、ファッションを楽しむこと、センスがいいこと」と「持っているモノの数」はイコールではないと思っています。今後は「持たないスタイル」がどんどん広がっていくことは間違いなさそうですが、時代の流れがそうだから、といって無理して合わせることはないとも思うのです。たくさん洋服を持つことがこの上ない喜びで所有することこそが自分にとってのおしゃれなのだ!と感じるのであれば胸を張ってそうすればいいと思います。

制限のある中でいろいろ工夫を凝らすと妙に力がつくので洋服を減らせば着回しのコツが身につく、という利点はありますが、とにかく洋服を捨てれば誰もが幸せになれるなんて単純な話ではないはずです。

2015年 05月 26日

洋服が少なくなると、コーディネートはもっと真剣になる

最近ブルーのシャツにボーイフレンドデニム、セルフレームのメガネに中折れ帽、足もとはスニーカーというコーディネートが気に入っています。このシャツもデニムも中折れ帽も、すごく気に入っているにも関わらず以前はあまり活用できていませんでした。これまであまり使えていなかったのは、選択肢が多すぎたのだと思います。

コーディネートを考えるのと料理はとても似ています。ほぼ毎日自炊で晩酌を楽しむ私ですが、酢の物を作ろうとしたら酢が切れていたので慌ててスーパーに買いに走る、のではなくて、ないならないで、さてポン酢で和えるか、それともオイルを使って別物にしようか、などと考えるのが楽しい。

同じく、このシャツに合うパンツがない！ と慌てて買いに行くのではなく、何をプラス、もしくはマイナスすればうまくなじむのか、と考えるようになりました。手持ちのアイテムは真剣に向き合うと、また違った表情を見せてくれる。洋服がグッと少なくなった今だからこそそんなふうに感じられるのだと思います。

2015年 08月 25日

料理に時間をかけない

私が普段調理にかける時間は30分くらい。朝ごはんはパンが多く、昼は食べないことがほとんどです。私はシェアハウス住まいなのでキッチンはもちろん共用。混み合っていて順番待ちになるようなことはまずありませんが、それでもなるべく調理は短時間で済ませようと考えているのです。

料理に時間をかけないために、方法はただひとつ「毎日、簡単な料理を作る」これにつきます。

調理に時間をかけないための方法として有効なのは、少ない素材で1品作る。切る手間を少なくする。調理工程を減らす。味付けをシンプルにする。漬物など毎日でも飽きない常備菜を作る……などでしょうか。

晩酌のひとときを大切にしているけれど、手間はかけない。そう、時間をかけてベタベタとかまうだけが愛情ではないのです。

2015年 10月 09日

シンプルなファッションはつまらない

最近は、既に持っているものをいかに自分好みに着こなすかを模索することにハマっています。旬のアイテムをより多く所持していることこそがおしゃれ、と信じて疑わなかった頃を経て、少ない服を楽しむというステージにたどり着きました。

ドキュメンタリー映画『アイリス・アプフェル！94歳のニューヨーカー』（2016年3月ロードショー）に登場する、インテリアデザイナー・実業家でキュートなファッショニスタ、アイリス氏は、「多ければ多いほどいい。シンプルはつまらない」と言います。彼女の奇抜で個性的なファッションは、これまでファッションフリークとして生きてきた彼女の歴史と経験がにじみ出ているからこそ成立するもの。

きっとこれは、シンプルなファッションでも同じことなのでしょう。少ない服でもファッションを楽しむならば、それ相応の努力と経験値が必要。そして結局は、やっぱり自分が何を求めているのかを知ることが何よりも大事、と言えると思うのです。

▶ 2016年 02月 10日

じっくりと服と、自分自身に向き合ってみる

服に関しては、引っ越してから今まで1年以上かけて所有していたアイテムをじっくりと精査し、徐々に減らしてきました。洋服を減らすことに関してはスピード感は、ない。

捨てようか迷って一度着てみて、ようやく、ああやっぱりもう似合わないな、と腑に落ちて捨てる、なんてこともしばしば。数は数えていないので正確にはわかりませんが、半分以下には減ったと思います。

1週間とか1カ月で全シーズンのアイテムをガッと減らして「さあ、今必要なものを買い足しましょう」みたいなやり方を選んでいたら、私の場合はおそらく失敗していたことでしょう。これはこれでいい方法だったなと最近になって思うのです。

素早く洋服を減らすテクニックはたくさんあるけれど、まずは「買わずに手持ちのものだけで過ごす」と決めて、自分の服と自分自身にじっくり向き合ってみるのも悪くないものですよ。

▶ 2016年 02月 13日

自分にとって心地よい所有物のキャパシティ

昔から食べ物を無駄にしたくない、という意識はあったのだけれど、近頃さらに強くなった気がします。ひとり暮らしだからということも大きいとは思いますが、足りないことより余ることがイヤ。

そういう意味では私の食品貯蔵キャパはものすごく狭い。でも、多分私にはそれがちょうどいい。

食品に限らず、洋服やあらゆる家財道具、車や不動産まで、人間はある程度「自分にとって心地よい所有物のキャパシティ」が決まっているのかもしれないなあ。多いからい い・エラい、少ないからダメ、なんてものではなく、単なる個性としてのキャパシティ。ひとりひとり顔も性格も異なるのと同じこと、程度の個性。

もしもそうだとしたら食品に限らず、私は所有キャパが小さい人間なのでしょう。あれこれ多くのモノを所有し管理することよりも、限りなく身ひとつで自由でありたいと思ってしまうもの。「キャパが狭い」。まあそれも個性と考えればさほど悪くはないのかな。

24

Keiさん

Kei

不要なものを手放すことで「今」を楽しんでいます。

➡「30代の初老ライフ」
http://ameblo.jp/shoro-life/

何でもない地方都市のちょっと田舎で、等身大の自分のペースを何よりも大切にする丁寧な暮らしを送っています。20代は東京でよく働き、よく学び、何者かになろうとしていましたが、どんどん遠ざかるばかりでした。今はミニマムな暮らしを目指してさまざまなものを手放し、人生で一番ゆっくり、自分の人生を生きています。

▶ ミニマル&シンプルな暮らしを楽しむ工夫

衣 とにかく自分の「着心地」を重視します。少しでも「不快」に気付けるよう、試着のときにも慎重に観察するようになりました。

食 今はまだ少ないですが、家庭菜園をしています。その日に食べる食材を調理の直前に収穫しにいく時間が、何より楽しみです。

住 木造で、無垢の板を使った家にしました。木に囲まれているととても落ち着きます。

家族構成

夫、私（犬1、猫1）

理想とする暮らしについて

ミニマムな暮らしを送る中でできた時間やエネルギーを、今後は本当にやりたいこと、家庭菜園に注いでいきたいと思っています。

▶ 2014年 07月 01日

1カ月間の断捨離を終えて思うこと

先月、断捨離を始めました。人生の中でこんなに物と向き合ったのは初めてでした。断捨離しながら、数々の友人のキレイな家をよく思い出していました。

あの子はそういえば、当時からミニマリストだったなぁ、とか。あの子のクローゼットは、物はぎっしりだったのに、本当にきれいに整理されていて感動したんだったなぁ、とか。

旅行に行ったとき、私のスーツケースの中はぐちゃぐちゃ。でも友達のスーツケースはピシッ！と整理されていたなーとか。

小さな赤ちゃんがいる友達の家に遊びに行って、一緒に家を出るとき。片付いている部屋はもちろん、最後、ソファのブランケットを丁寧にたたみ直し、きちんと背もたれにかけた彼女に本当に感動したなぁ、とか。

片付けをしながらいろんなシーンが回想されました。みんな、普通にできてたんだ。私って本当に物が多い、お片付けできない女だったんだ……と、痛感する1カ月でした。

多少でも物が減ったことで、ずいぶん気持ちは楽になりました。今までと同じ家事でも、気持ちが軽くなった気がしています。

2015年 08月 30日

トイレ掃除の大切さを考える

今朝はトイレの床をアルコールで拭きました。クイックルワイパーは毎日かけてます。トイレ本体も裏までピカピカに。ぞうきんに使うのは、切ったTシャツです。終わったら捨てます。

朝からピカピカにトイレを磨きあげると気持ちがいいです。

私が愛してやまないラーメン屋さんがあるのですが、トイレがピッカピカなんです。新しいわけでもなく普通のトイレで、オシャレだとかそんなのではないけれど、隅から隅までピカピカ！　地元民に愛されているラーメン屋さんで、ラーメンのおいしさはもちろんなのですが、トイレをピカピカにするような、作り手のオーラというかエネルギーというか、何か心地よさがあるのかもしれません。

断捨離を始めて、掃除の大切さをひしひしと感じています。

2015年 09月 08日

家族の荷物をどうするか問題

「家族の物が多くて困る」という方が結構いらっしゃるみたいですが、私の経験から思うのは「人の物は捨ててはいけない」ということです。こんなにたくさん要らないだろうと思うものも、家族にしたら全て要るものなんです。

「物が少ないほうが良い」というのは「普遍的な事実」ではないんですよね。その持ち主がどうしたいかが、正解なんです。

自分がミニマリストという生き方を知った！　家をスッキリさせたい！と思ったからといって、それを相手にも求めるのは間違ってたなって思います。ついこないだまで、私だって物が多かったのにね（笑）。

家族のものは「あきらめる・わからせる」より、家族のことを「尊重」して、そのままにしたほうがいいのかなって思います。その上で了承を得て、使いやすいように「整理」してあげれば、きっと相手も喜んでくれると思います。「あきらめる」とか「わからせる」とかは、家族の価値観を「尊重」してません。相手を尊重し、相手の物は相手のしたいようにしてもらう。どんな人間関係でもそうなのかなって思います。

2015年 09月 13日

ミニマリストになる勇気

これまでため込んでいた物たちは、私の頭の中を表すかのようでした。

「着ないのに持っている服」は「忘れていいのに手放せない過去」。「使わないキッチンツール」は「必要ないのにしがみ付いてる過去の知識」。「歩きにくいのに捨てられないハイブランドの靴」は、「変わりたいという気持ちを捨てられない自分」……。

これらを手放すにつれ、物を減らしていくことは、自分には必要ない思考も捨てていくこと。いい悪いではなく、ありのままの自分に向かっていくことだと思うようになりました。

なりたい自分ではなくて、ちょっと認めたくないけど、等身大の自分。それを認めるのが怖くて、物をため込んで紛らわしていたのかもしれません。私にとって、ミニマリストというのは、単なるライフスタイルの選択ではなく、等身大の自分を自分自身が認め、他人にも見せてゆく勇気、です。

うちの猫はこう言っています「わたしの持ち物は、首輪一つよ」。

2015年 09月 17日

花を飾る余裕

まだ20代の頃。2年に1回くらいでしょうか、気が向いて、花を買って飾っていました。だけどハッキリ覚えているのは、「そんなに良いもんでもないな」と思ったということ。今思うと当時は、花が映える部屋ではなく、そして心の中も同様だったのだと思います。私の場合は、花をきれいと思えるまで、まずは部屋を、自分を、整える必要があったんだなと思いました。

今、部屋も心も完璧にスッキリ、という状態には道半ばですが、花を買ってもイマイチよさがわからなかったあの頃からは、前に進めているようです。

さて、午後からは写真の整理。手放さなきゃ、と思ってきた過去。「私はもう、忘れていいんだよ」「私はもう、今を生きて良いんだよ」そう優しく自分に話しかけながら、1枚1枚、シュレッダーです。

2015年 10月 24日

私の目指す理想の生活

最近、立て続けに昔の人の食事の様子を聞きました。力仕事をしていて、体も大きくしっかりしているお義父さん。でも子どもの頃は「肉や魚は10日にいっぺん!」肉や魚は近くには売ってないし、毎日食べられなかったそうです。そして私のおばあちゃん。小食で、ご飯もほんのちょーっと。それにぬか漬けと、時々小さな魚に、その時に採れる野菜。90歳を超えて今も元気です。

好きな物が好きなだけ手に入り、食べられる現代。畑仕事で汗を流すこともない。今の私たちは、粗悪な栄養を必要以上に摂っている気がします。

今私が思う理想の生活。

【食事】腹7分。あんまりいろんなものを摂り過ぎず、シンプルで素朴な物を。季節のものをいただく。できる範囲で自分で作る。

【生活】土を触る。太陽の下で手を動かす。太陽のリズムに逆らわない。

これが日本人の私にとって、もっとも「違和感なく」、一病息災で生きていけるスタイルではないかと、思っています。

2015年 11月 27日

猫の魅力と断捨離

吹き抜けのエアコンなどどこにでも登る猫。何でもチョイチョイ遊んでしまう猫。どこにでも入るし高いところが大好き、冷蔵庫の上にも上ってしまう。つまり、猫のために家中きれいにしておかなければ!と思ったんです。

毛が抜けます。毎日の掃除機は欠かせませんし、抱くと洋服にも付くので、コロコロは必須。

トイレはどんな良い砂を使っても多少は飛び散るので、お掃除は必須。うちの子は壁をガリガリしたりはしませんが、爪研ぎの場所を教えてあげたり、爪切りも必要です。

そんなデメリットなんてどうでもよく思えるほど、猫には魅力がたくさんあるのです。

実家にも猫がいますが、実家が散らかっていた頃、猫が迷い込むとどこにいったかわからなくなる、「樹海」と呼ばれた部屋がありました。我が家に樹海はさすがにありませんが、断捨離を始めたのには、この子のためにも物を少なく、かつ清潔にしよう、と思ったのもあります。

2015年 12月 02日

6分でできること

朝、とるものもとりあえず外に出ることを習慣付けています。

家の近所をグルッと一周。ウォーキングなんて大層なものでもなく、お散歩なんて優雅なものでもなく。てくてく、肩の力を抜いてグルッと一周。たったの6分。

『脳からストレスを消す技術』（サンマーク出版）という本に、セロトニンを増やす方法がありました。食事のときの咀しゃくや、呼吸だって、心地よく意識すればリズム運動になるそうです。そんなセロトニン運動を意識しつつ、朝の家事のスケジュールの中にも無理なく組み込める、運動までもいかない運動。

歯磨きするくらい、生活の中に自然に取り込みたいと思っています。

たった6分ですが、朝の時間がとても清々しく、健康的に変わっています。慣れてきたら2周にして12分。もっと慣れたら少し足を伸ばして15分や20分。そんなふうにできたらいいな、と思いつつ、今は楽しくても物足りなくても6分で切り上げて、まずは無理なく続けることを意識したいと思っています。

2016年 01月 08日

ミニマリストと整理収納の違い

去年、近くのカフェで整理収納の講座がありました。参加してみようかな、と思ったのですが、結局行きませんでした。そして、ふと今朝、台所を片付けながら、思いました。

「整理収納は、物を管理する技術を身に付けたい人」。

「ミニマリストは、物を自分が管理できる量まで減らしたい人」

もちろんこれは定義ではなく、私が感じたことです。

当時、整理収納のレッスンに関心は持ったものの、今の私はほんとにそれが知りたいのかな?まだまだ物が多いのに、学びの場に出向く余裕がある?という、心の声に気が付くことができたんだと思います。

私は整理収納を覚えたいのではないのです。自分のキャパシティをもっともっとよく知り、それに合わせたつつましい暮らしをしたいのです。

何が楽しいか、何が心地よいかは、人それぞれですよね。自分が本当は何を求めているのか。それを知るところから、心地よい暮らしは始まるんだと思います。

2016年 01月 11日

ミニマリスト的保冷剤の数

今日、1年ぶりの友人が訪ねて来てくれました。楽しい時間はあっという間。やはり女性は、女友達としゃべると元気になりますね。いくつになっても、ガールズトークは弾みます。さて、彼女が買ってきてくれたおいしいケーキには、保冷剤が付いていました。

保冷剤、ためている方も多いのではないでしょうか? 洋服や靴の断捨離はなかなか難しくて進まなくても、たまりがちな保冷剤、紙袋、このあたりは要不要の判断も付けやすいと思います。

冷凍庫全部の見直し!はハードルが高くても、冷凍庫の中の、保冷剤のみ出して見てみる。これならやりやすいですよね。お片付けって、その積み重ねだなぁと思います。

我が家の保冷剤は2個だけ。スッキリです。

2016年 01月 14日

ミニマリスト的人間関係とは

年賀状の時期、やはりいろいろと人間関係に迷う方も多いようですね。

私がこれまで、離れゆく友人との関係について、どこか常に気がかりで、なのに気にしないフリをして、そのことを受け入れられなかったのは、私が「変わってゆくこと」を恐れていたからなんだと思いました。

今取り組んでいる半年の断捨離を通して、私は、取捨選択の練習をしています。それはきっと、モノだけではなく、人間関係も同じだったのだとわかりました。

ミニマリスト的人間関係とは、数を厳選しよう、というものではないと思います。自分の快不快に、素直に耳を傾けること。家の中と同じように、心地よい物で満たすこと。

もちろん人間関係は、モノを捨てるようにはいきませんが、心地よい人間関係を持っておくこと、築いておくこと、そしてそちらのほうに重きを置く生活をしていると、不快と感じることがあっても動じずに、モノを捨てるように相手を手放すのではなく、優しい気持ちでその「不快」だけを手放せる。そういうことだと思います。

2016年 01月 30日

朝の習慣を作りたいと思います

私は、朝日を浴びて1日のリズムを作るため。運動不足の主人は、健康維持のため。週に2回、朝、一緒に近所を歩くことにしました。

土の匂い。鳥の鳴き声。土の道を歩く感覚。川の音。全てが優しく、心と体にゆっくり働きかけてくれる気がします。これも断捨離をして、モノも手間も、無駄を削ぎ落としてきたから、生まれた余裕。

理想は、毎日の朝夕のワンコの散歩にプラスして、主人との近所のお散歩を、週に2回。まずは15分くらいから。

主婦にとっては、天気によって家事スケジュールも変わってくるので、無理なく続けられるようその都度うまく調整したいと思います。

習慣付けって、意外と難しいです。だけどそんなときは、今年の通年の目標「考えるより動く」を思い出し、とにかく靴を履いて外に出る。これでいこうと思います。少しずつ、少しずつ、私のペースで始めていきたいと思っています。